Biagio Napoletano
Carlo Scafuri

A lezione da Santa Caterina

Biagio Napoletano
Carlo Scafuri

A lezione da Santa Caterina

Spunti di riflessioni ricavati da alcune sue lettere

Edizioni Sant'Antonio

Imprint

Cover image: www.ingimage.com

Publisher:
Edizioni Accademiche Italiane
is a trademark of
International Book Market Service Ltd., member of OmniScriptum Publishing Group
17 Meldrum Street, Beau Bassin 71504, Mauritius

Printed at: see last page
ISBN: 978-613-8-39310-8

INDICE

A LEZIONE DA SANTA CATERINA

PREMESSA

L' intento di questo lavoretto sull'insegnamento della santa di Siena, Caterina Benincasa, non è di natura erudita, ma, se ci è lecito ricorrere a questo termine, è di carattere pastorale. Non abbiamo compiuto ricerche storiche, precisati riscontri biografaci, né, tanto meno, affrontato questioni filologici o stilistici, ma semplicemente enucleato, da un gruppo di lettere, alcuni temi dottrinali, che hanno offerto qualche spunto di riflessione. Le lettere di questa singolare santa, presentano un notevole spessore dottrinale. Non senza razione Paolo VI la proclamata dottore della chiesa, sottolineandone l'originalità nella esposizione: ''Ciò che più colpisce nella santa è la sapienza infusa, cioè la lucida, profonda e inebriante assimilazione delle verità divina e dei misteri della fede, contenuta nei libri sacri nell'antico e nuovo testamento: un'assimilazione, favorita, si, da doti naturali singolarissima, ma evidentemente, ma prodigiosa, dovuta ad un carisma di sapienza dello spirito santo un carisma mistico''. Proclamazione del 4 ottobre 1970 in AAS... Queste parole di Paolo VI ci sono servite come stelle polare nello sviluppo dei vari punti scelti dalle lettere. Il Papa ci avverte che nella frammentarietà del tessuto stilistico proprio del genere epistolario è chiaramente individuabile la costante presenza della dottrina cattolica, attinta alle fonti della Sacra Scrittura, ma impreziosita dal carisma personale di natura mistica, riassunto in unico termine: Sapienza. Sapienza che nasce dall'incontro dell'anima della Santa con Cristo, dall'unione perfetta della sua volontà con quella dello Sposo. Spogliata completamente di sé stessa, può dire con San Paolo: "Non sono io che vivo ma è Cristo che vive in me" (Gal 2,20). Sapienza che è consapevolezza della fragilità umana e della malizia di Satana. Sapienza che è coerenza di vita, vale a dire proclamazione delle verità di fede tradotte in comportamenti ineccepibili. Sapienza che è aderenza continua alla realtà concreta, contemplata alla luce della verità di fede richiamate con forza e con linguaggio ora icastico ora suadente a coronamento di situazioni problematiche. Quale messaggio ci ha trasmesso? Il suo messaggio può essere riassunto in questo motto: accogliamo il grido di amore lanciato da Cristo crocifisso; seguiamo i suoi precetti; in Lui troveremo perdono e pace: non un Cristo astrattamente inteso, ma un Cristo vivo, presente e operante nella Chiesa. Messaggio quanto mai attuale in questo nostro tempo in cui si sente ripetere, anche da chi ha una fede "Cristo sì, Chiesa no".

Un tempo nel quale troppi cristiani, preda di sbandamenti, praticano una carità senza Cristo, sono facili ai compromessi, mutilano l'insegnamento del Redentore, si mostrano timidi nella professione della fede cattolica. Al contrario, come ricorda Paolo VI, il messaggio di Caterina di Siena è quello "di una fede purissima, di un amore ardente, di una dedizione umile e generosa alla Chiesa Cattolica, quale Corpo mistico e Sposa del Redentore divino"; è "luce della nostra vita terrena". Ma è anche ammonimento per noi. Da Lei noi diffidiamo apprendere il coraggio di combattere, in nome di Cristo, gli errori e i vizi che dilagano nel mondo. Oggi viviamo in un'atmosfera in cui le verità evangeliche vengono presentate in un linguaggio se non ambiguo certo sfumato. Cristo ha detto agli apostoli di portare a conoscenza "tutto" quello che avevano udito da Lui. Possiamo dire che questa missione viene adempita a pieno? Restano ancora quanto mai attuali le parole di Benedetto XVI, da Prefetto della Sacra Congregazione per la dottrina della fede: "La catechesi deve tornare ad essere non un'opinione accanto a un'altra ma una certezza che attinge alla fede della Chiesa, con i suoi contenuti che sorpassano di gran lunga l'opinione diffusa. Invece, in non poca catechesi moderna la nozione di vita eterna si trova appena accennata, la questione della morte è solo sfiorata e, la maggior parte delle volte, lo è solo per interrogarsi sul come ritardarne l'arrivo o per renderne meno penose le condizioni". (3) Ecco, abbiamo estrapolato dalle lettere di Santa Caterina alcune di queste verità "scomode", aggiungendo qualche annotazione, che la Santa ci scuota di dosso pigrizia e colpevole accondiscendenza. La dottrina presente nei suoi scritti rinvia alle Scrittura e a giganti del pensiero cattolico che hanno nome Agostino, Bernardo di Chiaravalle, Tommaso d'Aquino, ma è soprattutto il riflesso della sua singolare esperienza spirituale. Sotto questo profilo le lettere di Santa Caterina sono un diario intimo che diviene dialogo e distanza. Un diario del suo itinerario ininterrotto verso sempre una maggior unione con Cristo che culminerà nelle nozze mistiche: "Io ti sposo a me nella fede, conserverai intatta la fede fino a che non verrai in Cielo a celebrare con me le nozze eterne", le disse un giorno Gesù[4]. La storia interiore di Santa Caterina è quella di un'anima prescelta fin da bambina per essere una prediletta di Cristo. Ella non ha conosciuta il vuoto dell'incredulità, lo sbandamento dell'eresia, l'annebbiamento della colpa grave. E questa purezza di vita e d'intenti conferisce tanto calore alla sua scrittura. Quanto al contenuto delle lettere notiamo che tanti passi in esse contenuti costituiscono vere e proprie lezioni sapienziali sulla via da seguire per arrivare a Cristo. Noi abbiamo cercato di individuare questo itinerario interiore, evidenziandone le tappe: lotta contro i nemici della nostra salvezza che hanno il nome di demonio, mondo, carne; conquista delle virtù morali dell'umiltà, della pazienza, dell'ubbidienza; possesso e pratica delle virtù teologali: fede, speranza e carità; culto e nutrimento del Sangue di Cristo. A commento abbiamo riportato pochi passi scritturistici e di autori di opere letterarie.

CAPITOLO I

PARTE PRIMA

Santa Caterina operaia nella vigna del Signore

I biografi di Santa Caterina non mancano di far rilevare che la sua vita, breve e intensissima, trascorsa nella parte centrale del secolo XIV (1347-1380), è stata segnata da numerose difficoltà perché quel periodo è stato uno dei più bui della storia della Chiesa. (Sia detto per inciso: quale epoca della sua bimillenaria esistenza è stata segnata da assoluta tranquillità? Da sempre come canta il Manzoni nella Pentecoste, la Chiesa "soffre, combatte e prega".(5) E che altro ha fatto la Santa di Siena?). Ma che cosa sconvolse in particolare la vita della Chiesa? Accenniamo brevemente ad alcuni fatti, partendo dal tempestoso pontificato di Bonifacio VIII. Tra questo pontefice e Filippo il Bello, re di Francia (1285-1314), scoppiò una vera e propria guerra diplomatica per motivi fiscali. Il re di Francia tassò i beni della Chiesa, ottenendo l'appoggio degli stati generali di cui facevano parte anche ecclesiastici. Bonifacio riunì a Roma un concilio ed emanò la famosa bolla Unam Sanctam (novembre 1302) in cui rivendicava per il papato il diritto alla suprema autorità, in quanto detentore delle due spade (la prima, per l'ordine spirituale, adoperata dal papa; la seconda, per il potere temporale, messa al suo servizio). Filippo rispose con un'assemblea dei maggiorenti del regno, che accusò Bonifacio di eresia, di rapporti con i demoni, di immoralità, e richiese la convocazione di un concilio generale. Bonifacio decise di pubblicare la scomunica contro Filippo, ma la prevenne Guglielmo di Nogaret, cancelliere del re che con l'appoggio di Sciarra Colonna, nemico personale del papa, fece prigioniero Bonifacio ad Anagni. Il papa, umiliato, offeso e schiaffeggiato, fu liberato dalla popolazione e poté rientrare a Roma, dove forse a causa dell'oltraggio subito, morì dopo pochi giorni (1303). Questi fatti provocarono lo sdegno di Dante che nel suo poema stigmatizzò il comportamento del re di Francia. Il sommo poeta non fu certo tenero nei confronti degli uomini di Chiesa: nel suo poema denunciava senza mezzi termini papi, vescovi, preti e monaci a causa del loro comportamento contrario agli insegnamenti di Cristo; ma non manca di condannare, in maniera inequivocabile, soprusi di re e imperatori nei confronti della Chiesa. Nel caso in esame vediamo che egli condanna all'inferno Bonifacio, ritenendolo colpevole di simonia (Inferno XIX 52-57), ma nello stesso addita al disprezzo l'avidità del re di Francia e più ancora la sua convivenza nel vituperevole oltraggio perpetrato al papa. Nel Purgatorio Ugo Capeto, capostipite della dinastia che da lui prese il nome, così denuncia l'episodio:

Veggio in Alagna intrar lo fiordaliso,
e nel vicario suo Cristo catto.
Veggiolo un'altra volta esser deriso;
veggio rinnovellar l'aceto e 'l fele,
e tra vivi ladroni esser anciso.

(Purgatorio XX, 86-90)

Vedo le insegne del re di Francia (il fiordaliso = il giglio) entrare nella città di Anagni e Cristo catturato (catto) nella persona del suo vicario. LO vedo un'altra volta deriso; vedo rinnovata la sofferenza dell'aceto e del fiele e l'essere ucciso fra vivi ladroni (Sciarra e Nogaret).

Erano tempi di cui la Chiesa, in quanto struttura formata da uomini, non poteva certo andare orgogliosa. Ma proprio questi errori e queste debolezze stanno a dimostrare che la chiesa è di Gesù Cristo, non degli uomini. Se fosse stata una istituzione puramente umana, non sarebbe sopravvissuta a questi e a ben più gravi errori e persecuzioni tremende anteriori e posteriori. Ma torniamo ai cenni storici. Roma era diventata una sede insicura per il papato. Nel 1305 Clemente V, ordinato papa in Francia, non volle recarsi a Roma e trasferì la sede papale ad Avignone. Ecco come lo descrive Dante per bocca di Niccolò III:

dopo lui verrà di più laida opra
di ver ponente, un pastor sanza legge,
tal che convien che lui e me ricopra.
Novo Iason sarà, di cui si legge
ne' Maccabei; e come a quel fu molle
suo re, così fia lui chi Francia regge.

(Inferno XIX, 82-87)

Dopo di lui (di Bonifacio) giungerà un pastore più laidamente simoniaco (di comportamento più vergognoso) dall' occidente, persona sfrenata, cosicché dovrà prendere mio e di Bonifacio. Sarà un nuovo Giasone, di cui si parla nel libro dei Maccabei; e come il re (Antioco Epifane) fu arrendevole a lui, così sarà il re di Francia con costui.

Dunque il re di Francia favorì l'elezione di Clemente V e questi lo ripagò lautamente. Infatti sconfessò l'operato di Bonifacio VIII, revocò le due sue bolle emesse contro Filippo e soppresse l'ordine dei Templari (1311), le cui enormi ricchezze furono incrementate dal re di Francia. Ancora una volta Dante stigmatizza l'operato di costui. Dopo aver revocato l'increscioso episodio di Anagni, sempre per bocca di Ugo Capeto, dice:

Veggio il novo Pilato sì crudele,
che ciò nol sazia, ma senza decreto
portar nel Tempio le cupide vele.

(Purgatorio XX, 91-93)

Vedo un nuovo Pilato (che si dichiarò innocente del sangue di Cristo, ma ne permise la crocifissione), talmente assetato di ricchezze (crudele) che questo gesto indecoroso (ciò) non lo soddisfa e, senza alcuna autorizzazione o provvedimento (decreto) da parte del pontefice, sazia la sua cupidigia a danno dei Templari.

Dante vedeva giustamente che una delle cause della decadenza della Chiesa era la commistione tra potere spirituale e potere politico che si risolveva in una sottomissione a quest'ultimo. Ed in realtà, durante alla cattività avignonese i pontefici e la corte papale soggiacquero alle prepotenze della monarchia francese. Giovanni XXII e Benedetto XII tentarono di riportare a Roma la sede papale, ma ne furono impediti dai regnanti francesi. I successori peggiorarono la situazione. Clemente VI dilapidò immensi patrimoni per comperare dalla regina di Napoli, Giovanna, la contea di Avignone e vi riuscì. In tal modo i papi da ospiti si trasformarono in sovrani, con la conseguenza che l'ipotesi di un ritorno a Roma divenne sempre più remota. Innocenzo VI addirittura fece costruire delle mura possenti e dei fossati di protezione attorno alla città di Avignone. Infine Urbano V tornò a Roma per breve tempo, ma, nonostante le sollecitazioni e le preghiere di Santa Brigida, rientrò ad Avignone. Episodio che dà misura delle enormi difficoltà in cui si batteva il popolo. E lascia ancor più ammirati nel vedere che il miracolo (perché di un miracolo a nostro avviso realmente si tratta) si verificò nel 1376, anche per lo zelo di Santa Caterina, con Gregorio XI. Ma c'erano altri aspetti dolorosi. Le ricadute sul costume del clero sulla disciplina dei religiosi; sul comportamento dei laici furono semplicemente disastrose. I papi avignonesi favorirono l'arricchimento indebito dei parenti, provocando la diffusione del fenomeno del nepotismo e si lasciarono coinvolgere nelle vicende della guerra dei cent'anni, tra Francia e Gran Bretagna. Gli Stati Pontifici erano turbati dalle lotte dei vari signoretti locali, o da ribellioni delle città che aspiravano all'autonomia.

Santa Caterina rimase coinvolta anche fisicamente in due di questi tumulti, prima a Firenze, poi a Roma. Ricordiamo questi particolari perché Santa Caterina nella sua vita fu non solo la sposa mistica di Cristo, "*ebra*" del suo Sangue, ma anche instancabile apostola di pace. Ma soprattutto si struggeva per la salvezza delle anime. In una lettera a Padre Raimondo confidò una delle sue numerose visioni della sua vita (che sarà riportata anche nel Dialogo), il suo tormento interiore: si sentiva colpevole di non aver fatto abbastanza per la conversione dei peccatori. Venuta l'ora della Messa rivolgeva a Dio quattro petizioni: "*E prima la riformazione della santa Chiesa. Allora Dio, lassandosi costringere alle lagrime, e legare alla fune del desiderio (*di essere esaudita*), diceva: "Figliuola mia dolcissima, vedi come ha lordata la sua faccia sua con la immondizia e con l'amor proprio, ed enfiata per superbia e avarizia di coloro che si pascono al petto suo. Ma tolle (*prendi*) le lagrime e lo sudore tuo, e tralle (*tirale fuori*) dalla fontana della divina mia carità e lavale la faccia*".

Ma il male dilaga per tutto il mondo ed ella prega appunto per tutto il mondo. "*Allora Dio mi mostrava con quanto amore aveva creato l'uomo; e diceva : < Or vedi che ognuno mi percuote. Vedi figliuola, con quanti diversi (perversi) e molti peccati essi mi percuotono, e specialmente col miserabile e abominevole amore proprio di loro medesimi, onde procede ogni male, col quale hanno avvelenato tutto quanto il mondo. Voi dunque, servi miei, paratevi dinanzi con le molte orazioni, e così mitigherete l'ira del divino giudizio>*"[6]. Il sudore scorre abbondante del suo corpo, ma la Santa brama sudare sangue. Presa dal rimorso di non aver pregato abbastanza per la conversione del mondo esclama: " *Anima mia, tutto il tempo della vita tua hai perduto. E però sono venuti tanti mali e danni nel mondo e nella santa Chiesa, in comune ed in particolare. Onde io ora voglio che tu remedisca (rimedii) col sudore del sangue*"*.

Il suo però non fu solo un coinvolgimento spirituale, fatto di preghiere e sofferenze, ma un impegno pratico, una fatica continua, sopportata per alleviare sofferenze, comporre litui, portare pace, far trionfare la giustizia. E spese larga parte dei suoi giorni viaggiando da un capo all'altro dell'Italia, con disagi facilmente immaginabili, date le condizioni nelle quali si viaggiava in quei tempi. Ricevette dal papa numerosi incarichi di pacificazione; riconciliò Firenze con Roma; fu mediatrice fra il papato e Venezia; spense odi irriducibili. Rimane storico il suo viaggio ad Avignone, dove fu inviata dai

Fiorentini, con un seguito di una ventina di personaggi tra gentiluomini e religiosi, riuscendo a convincere il papa a ritornare a Roma, a prezzo di enormi difficoltà e umiliazioni. E due volte, come abbiamo già detto, rischiò la vita a Firenze e a Roma, rimanendo coinvolta in tumulti popolari. E non azzardato presumere che proprio l'essere stata circondata dalla folla in tumulto a Roma potrebbe essere la causa che affrettò la morte. Un attivismo così intenso, fatto di per sé non usuale per una donna dell'epoca, diventa stupefacente in una giovane votata al silenzio, alla solitudine, alla preghiera e alle macerazioni corporali, in breve, una mistica.

Chi fu propriamente Santa Caterina? Sposa mistica di Cristo, inebriata del suo sangue? Apostola della pace? Combattente strenua della corruzione? In tutta e tre queste cose, sempre e dovunque. Ha messo in pratica il motto dell'ordine a cui apparteneva: ***contemplata aliis tradere***, portare a conoscenza degli altri, verità divine a lungo meditate. E infatti le sue lettere, all'apparenza così spontanee e immediate, sgorgano da una meditazione assidua, orante, sulle miserie umane e sulla misericordia divina. Gloria dell' Ordine Domenicano, giganteggia per l'amore ardente per Cristo, la predilezione per la sofferenza, la generosa assistenza agli appestati; l'instancabile azione a favore della pace, la lotta severa alla corruzione della Chiesa, ma soprattutto per un rapporto del tutto speciale con Cristo. Questa ricchezza spirituale portò nella guida di un cenacolo di laici e religiosi, folgorati dalla sua alta personalità. Riassunse nella propria vita le figure evangeliche di Marta e Maria, anticipando, per così dire, la soluzione del problema su cui si soffermavano due mistici spagnoli, San Giovanni della Croce e Santa Teresa d'Avila: unificare contemplazione e azione, per cui l'amore di Dio si attua nell'operare temporale. Quanto alla presenza di Cristo nella sua vita, non ci pare fuori luogo ricercarne l'ascendenza in San Bernardo di Chiaravalle (come e più di lei viaggiatore e scrittore di lettere: ne vergò altre 500), iniziatore del culto per l'umanità di Gesù Salvatore e della contemplazione del mistero della vita e della morte di Cristo. Santa Caterina sentì vivamente la presenza fisica di Gesù, come già un'altra mistica, vissuta in Umbria due secoli prima, sposa madre, privata del marito e dei figli, Sant'Angela da Foligno. Di essa è rimasta famosa la sceneggiatura al vivo del versetto 53 di Ct.[7] davanti al crocifisso: in un mistico rapimento, si strappò di dosso i vestiti e si offrì a Lui nuda, indicando una per una le parti del suo corpo, impegnandosi alla castità. “La suggestione dell'immagine dipinta o scolpita è in lei fortissima: vede nel crocifisso sangue reale e brandelli di carne lacerata e contemplandolo si contorce e sviene”.** Santa Caterina esprime in termini più smisurati la percezione della presenza di Cristo (scambio di cuori, bevuta del sangue, nozze mistiche), ma non meno efficaci.

Aggiungiamo che possiamo semplicemente accennare un tema così arduo, essendo impossibile svilupparlo in questa sede, anche perché le nostre penne non sono adatte a simile volo.

A Cristo votò la propria verginità, non senza lotte e difficoltà. Lottò contro i suoi genitori che, ancora adolescente, volevano darle marito. E conobbe lo strazio di un uomo, Pietro di Maestro Lando, che aveva concepito per lei ventisettenne una violenta passione, e, respinto, si era ucciso. Il Capitolo dei Frati Predicatori in Firenze convocò la Santa perché fornisse spiegazione, in ordine a quanto avvenuto, del proprio comportamento. La sua innocenza fu pienamente acclarata e da allora i Frati affidarono la Santa alla guida spirituale di Padre Raimondo da Capua che, fatto degno di nota, ricevette la sanzione ufficiale di tale ufficio da parte del papa Gregorio XI con apposita bolla. La sua personalità prepotente, la sua altissima statura morale, la sua eccezionale spiritualità le consentirono di frequentare uomini senza che ombra alcuna mai offuscasse la sua reputazione. Concludiamo questo breve medaglione ricordando che Caterina fu proclamata santa da Pio II nel 1461; dichiarata compatrona d'Italia da Pio XII nel 1939 e riconosciuta dottore della Chiesa da Paolo VI nel 1970.

CAPITOLO II

Struttura e contenuti delle lettere di Santa Caterina

Di Santa Caterina ci restano 381 lettere, indirizzate alle persone di ogni estrazione sociale. La maggior parte di esse si presenta strutturata attorno a quattro punti: saluto iniziale, sviluppo del tema, indicazione del motivo delle lettere, commiato.

L'inizio e la fine sono sempre gli stessi, con qualche lieve variazione. Essi danno l'idea quasi di un'azione liturgica, propriamente di liturgia della parola, avviata e terminata nel nome di Gesù. In linguaggio musicale possiamo dire di essere in presenza di variazioni di un unico tema: Cristo.

Che scriva a papi o religiosi, a regine o donne del popolo, ad anime pie o prostitute, Santa Caterina riconduce il suo argomento sempre a Cristo. E la certezza di parlare sempre in nome del suo Amato le conferisce coraggio e autonomia di giudizio. Non ha remore alcuna, non bada a convenienze, non lusinga, non cerca di accattivarsi l'anima del destinatario usando un linguaggio garbato e gentile, ma rimprovera, scuote, esorta, sempre con l'occhio fisso al crocifisso. Esemplifichiamo prendendo a modello la lettera a Frate Giusto, Priore di Monte Oliveto.

a) Primo punto: inizio, presentazione di se stessa, anticipazione del tema. "Al nome di Gesù Cristo crocifisso e di Maria dolce", "Carissimo Padre in Cristo dolce Gesù", "Io Caterina, serva e schiava dei servi di Gesù Cristo, scrivo a voi nel prezioso suo sangue con desiderio di vedervi mangiatore e gustatore dell'anime, imparando dalla prima e dolce Verità che per fame e sete che aveva d' ansietato desiderio della salute vostra, gridava in sul legno della santissima croce, quando disse: "Sitio".[9]

b) Secondo punto: sviluppo del tema. La preoccupazione costante di una persona consacrata resta quella di soddisfare la sete di Cristo, portando a Lui anime. "*E sopra tutti quanti gli altri servizi che piacciono al nostro Salvatore si è di trarre l'anime dalle mani del demonio, trarle dello stato del secolo, della bocca della vanità del mondo.* (Quanto attuale questa interpretazione del Sitio di Cristo moribondo, nel nostro tempo che vede un calo pauroso di vocazioni alla vita monastica maschile e femminile!). *E' questo è quello santo beveraggio il quale chiede il Figliuolo di Dio su la Croce. E non dovranno essere negligenti a dargli, ma solleciti, poiché vedete bene che per questa sete muore. E non dovranno fare come fecero i Giudei che gli diedero aceto e fiele. Allora riceve aceto e fiele da noi, quando noi stiamo in un amor proprio sensitivo, in una negligenza radicata in uno parere e piacere al mondo, con poca vigilia e orazione, con poca fame dell'amore di Dio e della salute delle anime*".(10)

c) Terzo punto: occasione della lettera. Il Priore del monastero di Monte Oliveto ha rifiutato di accogliere un postulante; Santa Caterina ne perora la causa: "*E però io vi prego e voglio che questa pianta novella, la quale il priore vi mandò chiedendo che fosse ricevuta all'Ordine, voi il riceviate caritatevolmente: che egli ha una santa e buona volontà; e la condizione naturale è anche buona: e ha posto per amore l'affetto alla religione e singolarmente lo Spirito Santo il chiama all'Ordine vostro*"[11]

d) Quarto punto: saluto finale: "*Permanete nella santa e dolce dilezione di Dio. Gesù dolce, Gesù amore*".

Richiamiamo l'attenzione del lettore sull'espressione "*vi prego e voglio*". Tra le costanti presenti nelle lettere della Santa spicca il verbo "*voglio*". Esso sta a indicare "il suo volere, la sua autorità, intesa a scuotere le anime, disciplinarle, con arte sagace, avviandole al loro libero atto di amore".[12]

La Santa chiede, pretende, ordina con risolutezza, non per presunzione, ma nel convincimento di parlare in nome di Cristo, come esplicitamente dichiara all'inizio di ogni lettera. Da Lui ha ricevuto la missione di essere schietta fino alla durezza, di condannare errori e peccati. Uno dei passi nel quale l' "io voglio" manifesta drammaticamente l'ardente desiderio di salvare un'anima, lo troviamo nella lettera a frate Raimondo che descrive la morte per decapitazione di Niccolò di Toldo a seguito di decisione della repubblica di Siena nel 1375:

"Pregai Maria che io volevo questa grazia che in su quello punto gli disse uno lume e pace di cuore… La bocca sua non diceva se non Gesù e Caterina e così dicendo ricevetti al capo nelle mani mie, fermando l'occhio della divina bontà, dicendo: "Io voglio"[13]

Siamo venuti a parlare così, sia pure di sfuggita, degli aspetti stilistici della produzione cateriniana anche se essa è parte del nostro patrimonio letterario. Non dobbiamo, di certo, in questa sede, parlare dell'arte e della poesia degli scritti di Santa Caterina. Tuttavia non si può ignorare la forza espressiva che di essi promana. E non si può spiegare tale forza se non si tiene presente il particolare che la Santa parlava da un'altezza dov'era sola con Dio e di quell'altezza percepiva le miserie e le brutture e le asprezze del mondo e le dipingeva senza alcun eufemismo. I critici ci hanno fatto sapere che i trascrittori delle lettere hanno espunto o attenuato espressioni troppo crude o troppe polemiche, tuttavia i testi a noi pervenuti recano tracce di un realismo marcato:

sincerità, immediatezza, linguaggio popolano, ma limpido e profondo, dolce senza svenevolezza, rude ma senza violenza e quanto mai vario nei toni, che, sia pure rare volte, attinge i vertici della poesia, fanno delle lettere di Santa Caterina un alto esempio della letteratura religiosa del XIV secolo, checché ne pensano i due numi della critica letteraria italiana, De Santis e Croce, che non hanno degnato di una menzione questo "scrittore", come ha definito invece il Tommasco Santa Caterina. Leggere queste lettere non è facile per la forma e per il contenuto. La prosa risente dell'oratoria sacra del tempo, che vuole scuotere l'uditorio; il linguaggio risente della parlata popolare e ci porta l'eco delle conversazioni domestiche. Caterina vuole conversare perché sa quanto efficacia ha la conversazione nell'educazione dell'intelligenza e dei sentimenti.

Nella lettera a Francesco di Pipino Sarto da Firenze e a Monna Agnese sua donna, denuncia i molteplici e gravi rischi di corruzione delle coscienze insiti nel conversare moderno. Il lume divino ci fa conoscere <*quanto è pericolosa la conversazione di quelli che vivono senza il Timor di Dio. Ella ci fa ingrossare- rende rozza, priva di delicatezza- la coscienza, tolleci la madre dell'orazione, leva via l'astinenza, impedisce il fervore, dilata l'affetto né diletti vani del mondo, furaci l'umiltà santa, tolleci l'onesta, apre i sentimenti del corpo- dà sfogo ai bassi istinti- e accieca l'occhio dell'intelletto nostro*>. Un quadro davvero deprimente, che purtroppo dipinge uno smarrimento oggi largamente diffuso. A queste conversazioni rovinose occorre preferire quelle con coloro <che temono e amano Dio in verità. Questi sono cagione di riscaldare la freddezza del cuore nostro, e dissolvono la durezza con dolci ragionamenti> con illuminazione reciproca ricercando la dottrina di Cristo crocifisso e la vita dei santi>.

Pascal scriverà due secoli dopo : "Come ci si guasta l'ingegno, così si guasta il sentimento. L'ingegno e il sentimento si educano per mezzo delle conversazioni. Cosi le buone o le cattive le formano o li rovinano. E' dunque molto importante saper ben scegliere, per educarli e per non viziarli; ma si può fare una scelta solo se lo Spirto è già formato e non guasto"[15]. E lo spirito di Caterina era altro che formato con Cristo! E pensiamo che con la stessa immensa sincerità e profondità guardava le conversazioni nel suo cenacolo.

Come leggere santa Caterina? Quale registro adottare per comprendere a pieno il messaggio? Ancora Pascal "Quelli che giudicano un' opera senza regola, sono, rispetto agli altri, come quelli che non hanno orologio, uno dice : - sono trascorse due ore- l'altro dice: - sono tre quarti d'ora- . Io guardo il mio orologio e dico ad uno: - voi vi annoiate? e all'altro: - il tempo per voi passa in fretta, perché è trascorsa un'ora e mezza. E rido di quelli che mi dicono che il tempo scorre lento per me, e che ne giudico a caso; non sanno che ne giudico dal mio orologio''[16] (Pensiero 5). Qual è l'orologio giusto per percepire il messaggio giusto di questa Santa? Tenere sempre presente che, come abbiamo detto, Caterina è pazza di Cristo e vorrebbe portare tutti a Lui. Come ha fatto rilevare uno dei critici più fini del secolo scorso :

"V' è nella sua opera quell'ebrezza che abolisce gli ostacoli, perché non teme il giudizio degli uomini, e soltanto è affissata nel giudizio di Dio, nell'amore e nel fervore verso Cristo, in cui la donna ha riposto tutti i suoi profondi affetti. Vede il mondo attraverso le immagini, non già poetiche, ma abbaglianti e inespressi in essi, in cui rapita, vide prima le sue grandi visioni. Le immagini di Caterina sono solo apparenti metafore: nel suo animo sono oggetti e simboli. La santità di Caterina è un irruente forma di azione al servizio di cristo, al quale è rivolto tutto il suo amore, tutto la sua volontà, tutta la sua intrepida e innocente sicurezza dinnanzi agli uomini e alle cose e spinta da quella specie di invasamento>>.[18]

PARTE SECONDA

La via della perfezione cristiana

Introduzione

L' epistolario cateriniano, pur nella frammentarietà propria di questo genere, presenta un carattere parenetico costante, una sorta di catechesi continua, dalla quale è possibile ricavare un corpus dottrinale concernente alcuni punti fondamentali della morale e della teologia cattoliche: dei punti sui quali la santa torna numerose volte. Ne deriva una evidente ripetitività, che però nulla toglie alla vivacità espressiva e all'appassionata partecipazione emotiva. La ripetizione non nasce da stanchezza o da povertà di ispirazione, ma zampilla dalla tumultuosa ansia che pervade l'anima della Santa, per la sorte delle anime che brama vedere tutte salve. Scrive in una lettera ai Difensori di Siena: '' N*on vi incresca a leggere ad udire, ma portate pazientemente: perché il dolore e l'amore che io ho, mi fa abbondare di parole. Amore, dico, della vostra salute, e del dolore della nostra ignoranza. Voglia Dio che per divino giudicio non ci sia tolto, il lume di conoscere la verità*''[19]. Amore e dolore fanno un tutt'uno (da notare il verbo al singolare mi fa abbondare) e sconvolgono l'anima della santa. Amore: cioè desiderio ardente di strappare anime al demonio; dolore: cioè paura di non riuscire chiara e convincente in misura adeguata, come Ella bramava. La ripetizione dei temi e delle motivazioni, d'altra parte, ci consente di ricavare conclusioni a carattere generale, anche se supportato un numero limitato di lettere. Il cammino verso la salvezza è cosi riassumibile: dall'egoismo alla carità, attraverso la lotta, preghiera, con l'intervento indispensabile della grazia. L'egoismo, o amor proprio che dir si voglia, padre della superbia, è la causa primaria della rovina spirituale del cristiano. Esso pone al primo posto l' Io, porta alla dimenticanza di Dio e al disprezzo del prossimo. L'egoista, accecato dalla presunzione, che gli impedisce di conoscere se stesso, e prigioniero delle lusinghe del mondo, non ha occhio né per Dio né per i fratelli. L'opposto dell'egoismo è la carità, che è apertura a Dio e premura per il prossimo. Il cammino che conduce dall'egoismo alla carità è arduo e richiede una continua lotta. Numerose volte ricorre nelle lettere la metafora del coltello che il cristiano deve impugnare. Un solo passo: "*Oh non più, fratelli miei! Non domite in poco tanto lume e cognoscimento. Teniamo il vermine della superbia e dell'amore proprio di noi medesimi e uccidiamolo col coltello dell'odio e dell'amore*"[20]. Strategia da seguire nella lotta: conoscenza di se stessi, fede nell'aiuto di Dio, che non stancherà mai. Armi da usare: umiltà, obbedienza, pazienza; isolamento interiore, preghiera continua, non contare su stessi, ma sulla grazia divina. Questi temi, presenti nella parte centrale delle lettere, ora appena accennati, ora ampiamente sviluppati, non sono esposti con il procedimento rigoroso delle argomentazioni, ma con la tecnica descrittiva, diremmo quasi con la drammatizzazione dei comportamenti e degli effetti positivi e negativi che provocano. Con un vocabolo un po' presuntuoso potremmo parlare di fenomenologia degli atti morali. Di conseguenze non riassumeremo le lettere (alcune lettere), ma sceglieremo i passi più significati, facendoli seguire da brevi commento

CAPITOLO III

I nemici dell'uomo; demonio, mondo, carne. Un argomento sul quale Santa Caterina ritorna spesso, nello sforzo di evidenziarne diverse sfaccettature, è quello dei tre nemici contro cui dobbiamo combattere . il demonio, il mondo e la carne. Citiamo qualche passo. Nel formulare a frate Simone da Cartona l'auspico di correre (?) del sangue di Cristo al combattimento precisa che dovrà lottare <<come cavaliere virile contra la dimoia, contra il mondo e contra la propria fragilità, col lume della santissime fede e con amore ineffabile>>.[21]

"Tre inimici singolari abbiamo", dice a Pietro Marchese del Monti," cioè il mondo, la carne e il demonio>>. E aggiunge: "*Benché le tentazioni e illusioni del demonio e della carne e del mondo vegnano e gettino le saette avveleniate*; *e la carne, li pensieri eli movimenti laidi; il dimonio con le varie tentazioni, frodi e inganni suoi; il mondo con la pompa, vanità e superbia*" l'uomo può con la sua libertà e la grazia di Dio vincerli. [22]

A Matteo di Tomuccio da Orvieto rammenta che con l'auto della Grazia l'uomo, il cui fondamento è Cristo, "*perché soffino quelli tre venti principali, donde viene ogni altro vento, non li cura. Cioè il demonio; che dalla sua bocca esce il vento di molte e diverse cogitazioni;... Il mondo che col disordinato amore proprio di sé si diletta, e cerca i diletti e le consolazioni sue; ... la carne che gitta siffatta puzza e miserabile, che non tanto che ella puta dinanzi a Dio, ma ella pute dimonia*"[23] Concetti ribaditi nella lettera di Messer Carlo della Pace, invitato a combattere e a fare guerra

"*con i principali tre nostri nemici , cioè col mondo, col demonio, e con la fragile carne nostri: i quali son tre principali tiranni, che uccidono l'anima quanto alla grazia in qualunque stato si sia, se ella [l'anima] con la mano dal libero arbitro apre la porta della volontà, e metteli dentro*".[24]

Non sempre i tre temi sono sviluppati nella stessa lettera; più spesso troviamo esplicitamente asserito che il demonio tanta l'uomo o direttamente o attraverso il mondo e il la carne, come vedremo nei paragrafi successivi.

a) Il demonio

Il demonio, questo omicida fin dalle origini (Gv 8,46); il principe di questo mondo (Gv 12,32) come lo definisce Gesù che lo vide precipitare dal cielo nell'abisso (Lc 10,18); questo leone che si aggira per il mondo alla caccia di anime da divorare (1Pt

5,8), tanto per fare qualche riferimento biblico, è argomento che ritorna spesso nelle lettere di Santa Caterina che ne sperimentò non poche volta gli assalti. Di uno di questi scrive a Padre Raimondo. "*... scritto che ebbi a Cristo in terra, non ebbi modo di scrivere più. Tanto furono le pene che crebbero al corpo mio. E stando un poco, si cominciò il terrore delle dimonia per siffatto modo, che tutta mi facevano stordire; quasi arrabbiando verso di me, come se io, vermine, fussi stata cagione di tollergli di mano quello che lungo tempo hanno posseduto nella santa Chiesa. E tanto era il terrore, con la pensa corporale, che io volevo fuggirmi dallo studio e andarmene in cappella: come se lo studio fusse stato cagione della pene mie. Rizzaimi dunque su; e non potendo andare, m'appoggiai al mio figliolo Barduccio. Ma subito fui io gittata giù: ed essendo gittata parve a me, come se l'anima si fusse partita dal corpo...* ".[25]
Preda dal demonio sono in modo particolare i sacerdoti: "*Se sono secolari sono cattivi nello stato loro, commettendo le molte ingiustizie, non vivendo come uomini, ma come l'animale che si volge nel lato... Se egli è religioso la vita sua non la guida non tanto come angelo né come uomo ma come bestia. Preso hanno questi tali l'ufficio delle dimonia. Le dimonia, tutto il loro studio ed esercizio è di privare l'anima di Dio.*" E questo essi fanno: chi è preso dall'ingordigia di ricche prebende: "*Non pare che si possa saziare: avendo uno beneficio, ne cerca due; avendone due, egli* ne *cerca tre; e cosi non si può saziare*". Altri " *tengono le femmine immonde, e l'arme come soldati, e il coltello a lato, come se si volessero difendere da Dio, con cui hanno fatto la grande guerra* "[26]

Un tasto doloroso quello della corruzione del clero nella quale la Santa vede in azione in modo particolare il demonio, un tasto che risuona insistentemente nella lettere inviate a religiose e religiosi. Scrive a un Prelato: " *Vedete, padre, che il Cupo infernale ne porta la creatura, le pecorelle che si pascono nel giardino della santa Chiesa; e non si trova chi si muova a trargliele di bocca. Li pastori dormono nell'amor proprio di loro medesimi, in una cupidità e immondizia: sono si ebbri di superbia, che dormono e non si sentono, perché veggano che il diavolo, lupo infernale, se ne porti la vita della grazia in loro e anche quella dei sudditi loro* ".[27]

Una tentazione più subdola è quella con la quale il demonio induce le anime devote ad abbondonare preghiere e penitenze.

La preghiera è un grande mezzo di salvezza; apre la porta del nostro cuore all'ingresso di Dio in noi. Gesù ci ha invitato a pregare con insistenza e con fiducia. Ricordate le due parabole di Luca: quella dell'uomo che va a chiedere a notte inoltrata un pane ad un amico ? (11,5-9); e quella della vedova che chiede al giudice di farle giustizia(18,

6-8)?

Sentiamo il commento che ne fa una grande anima del secolo scorso: " *Il vero significato delle due parabole è il seguente: se un uomo pigro o un giudice vile accorderà favori a coloro che li sollecitano, quali e quante buone cose non farà per noi, se Gliele chiediamo ? La preghiera non è una supplica ad un Dio riluttante, ma l'identificazione delle nostre necessità nella più alta Volontarietà di aiutare* ".[28] Tutto questo il demonio lo sa molto bene, perciò si accanisce in modo particolare nei confronti di quelli che pregano. Scrive Santa Caterina a Frate Filippo di Vannuccio: "*Or che duro scoglio è quello delle impugnazioni delle dimonia, le quali non dormono mai, volendo* assediare *l'anima di molte varie, diverse e laide cogitazioni* (la Chiesa fa/o faceva ripetere prima della recita dalle Ore: Signore, monda il mio cuore da tutti i pensieri vani, estranei e perversi) e *più nel tempo che l'anima si vuole stringere e serrare... con umile orazione* (*la quale orazione è uno petto dove si notricano i figliuoli delle virtù*) *solo per impedirla*" *E perché venga a noi a noia la preghiera, il demonio insinua l'idea che è inutile pregare, quando si ha l'anima coperta dalla sporcizia del peccato, "dicendo nella mente sua:* - O misero, tu debbi fare le tue operazioni e orazioni schiette con purità di mente e semplicità di cuore, senz'altri pensieri; e tu fai tutto il contrario: onde, perché tu non le fai come tu debbi; elle no*n* sono piacevoli a Dio. Meglio t'è dunque di lassare stare".[29]

Ma nulla può il demonio contro la volontà dell'uomo "*La colpa e la virtù si fanno con la volontà: ché, tanto quanto la volontà dell'uomo consente al peccato o adopera una virtù tanto è peccato o virtù*" 30*- scrive la Santa a Frate Matteo Tolomei - e ricorda a questo scopo: " *Né fame né sete né persecuzione né fuoco né coltello, né cose presenti né future, né angelo né dimonia mi partiranno dalla carità di Dio, se io non vorrò* ".

Nessun peccato quindi c'è se non si acconsente alle tentazioni o insinuazioni del demonio. Perciò conclude Santa Caterina : " *Possono bene venire i molti e laidi pensieri nel cuore ai quali nessuno può resistere che non vengano; ma il venire non è peccato; ma il riceverli con la volontà è peccato, e a questo si può resistere di non consentire* "[31]

A questo punto sorge spontanea la domanda: in questo nostro tempo così disincantato, tutti presi da problemi economici e sociali, dall'ardore di sgominare tutti i mali con la scienza e con la tecnica, un discorso sul demonio è ancora attuale ?
Rispondiamo con un'osservazione di carattere generale. Il messaggio evangelico – perché in esso rientra pienamente il discorso cateriniano - non è attuale, è perenne. Non

ha bisogno di interventi di chirurgia estetica per diventare presentabile ; anzi chi li tenta, lo sfigura . E proprio quando è schernito e rifiutato rifulge maggiormente la sua origine divina. Storia vecchia. Ricordiamo l'ammonimento-profezia di San Paolo: " Verrà giorno, infatti, in cui non si sopporterà più la sana dottrina, ma, per il prurito di udire qualcosa, gli uomini si circonderanno di maestri secondo le proprie voglie, rifiutando di dare ascolto alla verità per volgersi alle favole " (2Tm. 3-4).

Non è da pensare che ai tempi di Santa Caterina non ci fosse gente che si mostrasse scettica nei confronti dell'esistenza del demonio; tutt'altro. Ma la Santa ebbe il coraggio di rammentare a religiosi e laici questa amara verità. Oggi che il fenomeno si è enormemente dilatato anche da parte della Chiesa si nota una certa ritrosia a toccare questo tema. Specie tra i cattolici si verifica con preoccupante larghezza quel tipo di rifiuto di affrontare un problema che Freud ha teorizzato come "rimozione": l'uomo non potendo sopportare certe verità le allontana dalla coscienza, per non riflettere su di esse. Capita anche con la morte, il cui vocabolo è stato espunto completamente da manifesti e discorsi funerari; non si sente mai dire: è morto; ma: è scomparso/ ha chiuso la sua esistenza terreno/ è stato strappato ai propri cari/ è tornato alla casa dal Padre. Insomma, dobbiamo dircelo con schiettezza: per non offendere certa suscettibilità anche nella Chiesa, si è estremamente riservati per non dire silenziosi, in materia di diavoli e inferno. Vogliamo in proposito ricordare due grandi spiriti del secolo scorso, che, senza infingimenti e senza timori, hanno proclamato: il demonio esiste e trama per la nostra rovina. Parliamo di Georges Bernanos e di papa Giovanni Battista Montini. Georges Bernanos - *una tempesta di fede: di fede cattolica, soprannaturale* ,[32] l'autore di romanzi di fama mondiale (ricordiamo solo *Il Diario di un curato di campagna*) e dei *Dialoghi delle Carmelitane* - che rievoca un episodio tragico della rivoluzione francese: la morte per ghigliottina inflitta a un gruppo di suore il 17 luglio 1794, ebbe a dire: " *Parlo naturalmente per coloro che credono al diavolo, per i rari cattolici che non hanno dimenticato il loro catechismo e sano che Satana desidera l'anima solo perché essa è stata creata ad immagine di Dio, ed è il tempio dello Spirito Santo* ".[33]

"Con Bernanos, - scrive Castelli- Satana ha fatto il suo ingresso ufficiale e trionfale nella letteratura. Satana: persona, potenza e presenza; principe di questo mondo, araldo e poeta del male, il laico, il maligno, il tentatore; freddo e tenebra per essenza; menzogna e disperazione ".[34] Significativo a tal proposto è il romanzo "*Sotto il sole di Satana*". In esso leggiamo questa sconvolgente affermazione: Satana "è nell'orazione del solitario, nel suo digiuno e nella sua penitenza, nel vuoto della più profonda estasi e nel silenzio dal cuore. Egli avvelena l'acqua lustrale, brucia nel cero consacrato, respira nel fiato delle vergini; lacera con il cilicio e il flagello, corrompe ogni vita.[35]

Il romanzo è la storia di una giovinetta che si è votata a Satana; uccide, si prostituisce, tenta il suicidio, ma è salvata da un prete, Donissan, che la trascina morente in chiesa provocando uno scandalo che gli costa la reclusione per sette anni in una Trappa. Trascriviamo due passi tra i più tragici del romanzo. Mouchette, tale il nome della sventurata, dopo il delitto stringe un patto con Satana perché il misfatto rimanga segreto.

<<Eccola lì sotto i nostri occhi questa mistica ingenua, piccola serva di Satana, Santa Brigida del Nulla. Eccettuato un delitto, niente segnerà i suoi passi sulla Terra. La sua vita è un segreto tra lei e il suo signore, o piuttosto solo il segreto tra lei e il suo signore.

Egli venne subito, sicuro, senza alcun clamore, terribilmente e dominatore. Per quanto lontano spinga la sua somiglianza con Dio, nessuna gioia può venire da lui, ma ben superiore alla voluttà che muovono la viscere, il suo capolavoro è una pace muta, solitaria, ghiacciata, paragonabile al diletto del nulla >>.[36]

La vita del sacerdote Donissan è tutta una lotta senza quartiere per strappare le anime a Satana.

Le pagine che descrivano l'assalto notturno del demonio, che ha assunto fattezze umane, al prete sono di una sconvolgente grandiosità. Impossibile riassumerle; impossibile trascriverle. Stralciamo una battuta dal lungo dialogo tra i due. È Satana che parla.

-Ho meno paura di te e delle tue preghiere, che colui… (cominciata in tono scherzoso la frase fu finita con aria di spavento)… Non è lontano. Lo fiuto da un po' di tempo… oh ! Oh ! un tremendo padrone !... tremava da capo a piedi. Poi piegò la testa nulla spalla, si rischiarò in viso come se sentisse allontanarsi quel passo nemico e continuò:

-Tu mi hai stretto, ma io ti sfuggo. Impedire la mia opera di tentazione. Ma tu sei matto! Non ho ancora finito di empirmi di sangue cristiano, io! [37]

I suoi scritti sviluppano prevalentemente- se non tutti- questo tema: la vita dell'uomo su questa terra è un dramma che vede come protagonisti Dio con la sua grazia, Satana con la sua perversa trattativa, e l'uomo steso conteso dall'uno e dall'altro. Bernanos pone in bocca a Donissan queste parole: << tra Satana e Lui, Dio ci getta come sua ultima difesa. È attraverso noi che da secoli e secoli lo steso odio cerca di raggiungerlo, è nella povera carne umana che il delitto senza nome viene consumato>>[38]

In questa lotta con il potere delle tenebre il sacerdote gioca un ruolo decisivo. E diverse sono le figure di preti che si prodigano per il bene delle anime nei romanzi di Bernanos.

Fantasie di artista ? No, la storia di tanti santi attesta quanto insidioso e spietato sia o spirito del Male e Bernanos conosceva senz'altro. Le battaglie sostenute per ben trentacinque anni dal suo compatriota, il Santo Curato d'Ars al quale il demonio non perdonava che gli strappasse tante anime. Gli scritti di Bernanos destarono scalpore, ma le parole di papa Montini sulla reale esistenza di Satana come persona scatenarono reazioni rabbiose, destarono commenti ironici tra miscredenti e laicisti e qualche sconcerto fra i cattolici. Erano gli animi successivi al Concilio Vaticano II che crearono sbandamento e confusione nella Chiesa. Paolo VI, il 29 giugno 1972 nella basilica di San Pietro confidava: " Ho la sensazione che da qualche fessura sia entrato il fumo di Satana nel Tempio di Dio". Cristo – aggiungeva- menziona spesso questo nemico degli uomini e anche nel nostro tempo <qualcosa di preternaturale venuto nel mondo proprio per turbare, per soffocare i frutti del Concilio Ecumenico e per impedire alla chiesa di prorompere nell'inno di gioia, seminando il dubbio, l'incertezza, la problematica, l'inquietudine, l'insoddisfazione>. Iniziarono i brontolii di protesta, ma il temporale scoppiò e durò a lungo allorché il papa nell'udienza generale del 15 novembre dello steso anno ebbe a dire: " Il male che è nel mondo è occasione ed effetto d'un intervento in noi e nella nostra società d'un agente oscuro e nemico, il Demonio. Il male non è soltanto una deficienza, ma un essere vivo, spirituale, pervertito e pervertitore. Terribile realtà. Misteriosa e paurosa. Esce dal quadro biblico ed ecclesiastico (leggi: è eretico) chi si rifiuta di riconoscerla esistente". Apriti cielo ! < Ritorno al medioevo; terrorismo psicologico> si gridò a destra ed a manca.

Ma che cosa aveva detto papa Montini che la Chiesa non avesse ripetuto da duemila anni?

Ed ancora: come mai non si levano proteste, o almeno così virulente, nei confronti delle " sette sataniche", i cui esponenti dichiarano spavaldamente di essersi votati anima e corpo a Satana e speso commettono delitti efferati (vedi:" bestie di Satana").
La presenza nefasta del demonio nel mondo la si coglie in fenomeni turpi e rovinosi. Sentiamo il cardinale Ratzinger nella citata intervista a Messori :<Il marchio del satanico nel mondo con cui in Occidente si sfrutta il mercato della pornografia e della droga. Si, c'è qualcosa di diabolico nella freddezza perversa con cui in nome del denaro, si corrompe l'uomo approfittando della sua debolezza, della sua possibilità di essere tentato e vinto. È infernale la cultura dell'Occidente quando persuade la gente che il solo scopo della vita sono il piacere e l'interesse privato >[39]

b) Il mondo

Con questa denuncia di Ratzinger, siamo entrati a parlare del secondo nemico della nostra salvezza indicato da Santa Caterina: il mondo.[40] Argomento ampio e arduo sul quale ci soffermeremo brevemente, ma, riteniamo, in misura sufficientemente ampia, tenuto conto dalla dimensione modesta di questa nostra pubblicazione. Semplificando all'interno termini e ambiti del problema diremo che la parola" mondo" può essere assunta in una duplice accezione: cosmologia e antropologica. Sotto il popolo cosmologica fa riferimento all'inverno fisico: terra, pianeti, astri. Sotto il profilo antropologico indica alle varie comunità, con i loro valori e i loro ideali.

In ordine alla dimensione cosmologica la scrittura ci dice chiaramente che Dio ha creato i cieli e la terra: <<In principio Dio creò il cielo e la terra>> è l'inizio della Genesi: Dice San Tomasso. <<Dio produsse le cose nell'essere per comunicare la sua bontà alla creature >>[41]

Il mondo quindi è buono perché partecipa della bontà divina. Tutto è finalizzato per rendere possibile la vita sulla terra, e molte specialmente animali sono sottomesse all'uomo e di alcune di esse egli si cita: <...tutto hai posto sotto i suoi piedi; tutti i greggi e gli armenti: tutte le bestie della campagna; gli uccelli del cielo e i pesci del mare> (Sal 8,7-9). E un mondo di cui Dio si compiace: <E Dio vide che era cosa buona> ritorna cinque volte nel capitolo della Genesi. Con la comparsa dell'uomo l'idillio finisce, l'incanto svanisce: irrompe Stana, nel mondo entra il peccato. La corruzione dilaga. Dio si penta di aver creato l'uomo. Ma corre in suo soccorso.

Il peccato originale, mistero incomprensibile per la nostra ragione, è una tragedia realmente accaduta, non certamente un mito, come si vuol far credere da Taluni. Gli effetti nefasti sono sotto gli occhi di tutti. Nell'individuo si constata la presenza di un alterazione dell'equilibro bio–psichico; si sperimenta una deformazione mentale; si lamenta una debilitazione della volontà. La storia dell'umanità è segnata da guerre, odi, tirannie, dalle passioni, dimenticanza di Dio, idolatria.

< Il mondo non è soltanto la natura creata, quale Dio l'ha fatta, è questa natura creata come coronata del triplice diadema dei cattivi desideri della Libertà umana, - Orgoglio di bastare (?) a se stessi; ebbrezza del sapere, non per la verità, ma per il potere il possesso; ebbrezza di essere vinti e dilaniati dal piacere >>[42]

È questo il mondo che la scrittura condannano. Circa la visione biblica del mondo non è il caso di abbondonare a citazioni: sono troppe a troppo lunghe. (Chi avesse vaghezza di cimentarsi in questa imprese potrebbe facilmente consultare la voce “mondo” negli indici analitici che troviamo nella maggior parte delle edizioni dei sacri testi). Limiteremo, perciò, la citazioni a pochi passi tratti dal Nuovo Testamento. Il vangelo di Giovanni contiene il maggior numero di espressioni che proclamano con estreme chiarezza l’incompatibilità fra Cristo e il mondo. La denuncia del mondo da parte di Cristo è netta: il mondo non lo ho accolto, anzi lo odia e lo perseguita. <<Neppure i suoi fratelli credevano in lui. Gesù allora disse loro: - Il mondo non può odiare voi, ma odia me, perché di lui io attesto che le sue opere sono cattive ->> (7,7). Ai discepoli toccherà identica sorte: <<Se il mondo vi odia, sappiate che prima di voi ha odiato me. Se foste del mondo, il mondo amerebbe ciò che è suo; poiché invece non siete del mondo ma io vi ho scelto dal mondo, per questo il mondo vi odia>> (15,18-20).

Categorico è Giovanni nella sua prima lettura: <tutto il mondo giace sotto il potere del maligno> (1,5,20). Per cui raccomanda ai suoi lettori < Non amate né il mondo, né le cose che sono del mondo ! Se uno ama il mondo, l’amore del Padre non è in lui; perché tutto quello che è nel mondo, la concupiscenza della carne, la concupiscenza degli occhi e la superbia della vita non viene dal Padre, ma dal mondo> (1Gv 2:15-16).

Con un immagine presa dall’Antico Testamento sa Giacomo definisce adulterio l’amore dei cristiani per il mondo: <Gente infedele ! Non sapete che amare il mondo è odiare Dio ? Chi dunque vuole essere amico del mondo si rende nemico di Dio >(4,4). Paolo , a sua volta, con impetuoso diverso ha chiamato in causa quanti cambiano la verità di Dio la menzogna. <In realtà l’ira di Dio si rivela dal cielo contro ogni empietà e ogni ingiustizia di uomini che soffocano la verità nell’ingiustizia, poiché ciò che di Dio si può conoscere è loro manifesto… essi sono inescusabili, perché… hanno cambiato la gloria dell’incorruttibile Dio con l’immagine e la figura dell’uomo corruttibile di uccelli, di quadrupedi e di rettili> (Rm 1,18-25). Il riferimento alle credenze, ai riti, ai miti del mondo pagano è evidente, ma il discorso è valido per tutte le concezioni filosofiche che negano Dio, pur essendo manifesto ciò che di Dio si può conoscere. Su questo punto torneremo in seguito. E ai dotti, noi diremmo oggi agli intellettuali, gli sferranti interrogativi di 1 Cor.1,20 <Dov’è il sapiente? Dov’è il dotto? Dov’è mai il sottile ragionatore di questo mondo? Non ha forse Dio dimostrato stolta la sapienza di questo mondo? Poiché, infatti, nel disegno sapiente di Dio il mondo, con tutta la sua sapienza, non ha conosciuto Dio, è piaciuto a Dio di salvare i credenti con la stoltezza della predicazione>. Il giudizio finale è di inesorabile condanna < potenza maligna invasa dalla colpa > (Rm 2.12).

La drastica condanna del mondo ha dato vita a scelte quali quelle degli anacoreti, eremiti e del monachesimo in generale. Ma sono scelta che non possono essere generalizzata. Noi siamo nel mondo, dobbiamo vivere nel mondo e, vivendo in esso, guadagnarci la salvezza. Gesù ha detto:

<voi siete nel mondo, ma non siete del mondo >. Quale la scelta di Santa Caterina? Il mondo di cui denuncia la malizia non è quello dell'ateismo teorico, ma quello dell'ateismo pratico che propugna come ideali di vita il piacere, la potenza, la ricchezza, la gloria da cui si attende la felicità, ma che alimentano egoismi e invidie; scatenano lotte, producono oppressioni. E comunque se qualche felicità questi obiettivi producono essa è effimere: il tempo porta via bellezza, salute e ricchezza.

Riportiamo quattro passi da altrettante lettere, evitando di proposito di riassumerli per non sciuparne la forza espressiva, la ricchezza delle immagini, l'irruenza del tono.

A Matteo di Tomuccio da Orvieto scrive: " *L'altro pericoloso e perverso è il mondo. Il quale col disordinato amore proprio di sé si diletta, e cerca i diletti e le consolazioni sue, ponendovi l'occhio dell'intelletto su, e ricoprendo la tenebra e la miseria e poca fermezza e stabilità del mondo con la bellezza, mostrandogli [mostrandosi a lui] bello e piacevole; e cosi lo inganna, mostrando lunga vita, e ella è brava; parendogli che tutti i diletti e consolazioni e ricchezza del mondo siano fermi e sue, ed elle sono mutabili, e songli data in presta e per uso a sua necessità. L'anima, dunque, debole e accecata, che non ha trotta la terra del mondo dall'occhio suo... si volle [* si gira *] come la foglia dall'arbolo, al vento del proprio amore disordinato di se e del mondo. Di questa maledetta bocca esce un'invidia verso del prossimo suo, con una reputazione di sé; mormorando. E assai volte ne viene in odio ed in rancore col prossimo. E delle cose altrui spesso fa sue; e per acquistarle userà giuri, spergiuri, falso testimonio* ".[43]
(PAGINA 60 DEL MANOSCRITTO)

Concetto ribadito nella lettera a Sano di Maco in Siena: <<Di bisogno e di necessità ci è il dono della fortezza: però che siamo assediati da molti nemici. Il mondo con le delizie e le tentazioni, e col panarsi(?) in su la lingue degli uomini facendo loro dire parole d'infanzia e di mormorazioni e spesse volta col (?) le cose nostre.>>[44]

A Masser Carlo della Pace, futuro re di Napoli ripete:<< Il mondo ci percuote con le vane e disordinata allegrezze, ponendoci dinanzi all'occhio dell'intelletto nostro stati; ricchezza, onori e grandezze, con scellerati diletti: le quali cose tutte sono vane e corruttibili; che passano come il vento, e sono mutabili e senza veruna fermezza >>.[45]

Gli uomini di Chiesa sono anch'essi spesso vittime del fascino ingannevole del mondo.

Perciò la Santa scrive a tre cardinali italiani:<< O cechità umana ! Non vedi tu, disavventurato uomo, che tu credi amare cosa ferma e stabile, cosa dilettevole, buona e bella; e ella sono mutabili, somma miseria, laide, e senza alcune bontà; non per le cose create in loro, che tutte sono create da Dio, che è sommamente buono, ma per l'affetto di colui, che disordinatamente la possiede.>>[46]

Con la massima semplicità in questi passi Santa Caterina ha presentato alcune manifestazioni di quello che abbiamo defunto ateismo pratico: il disordine interiore, lo stravolgimento dei piani di Dio nell'uso dei beni terreni, la dimenticanza di Dio, eletti a sistema di vita. È l'idolatria del "secolo" che dilaga ai nostri tempi; gli idoli si chiamano potere, gloria, dominio, ricchezza, e libertà assoluta.

In tal modo gli uomini diventano strumenti del Maligno che combatte Dio in noi. Infatti dopo il peccato originale e dopo la venuta di Cristo mondo e città temporale<< sono insieme dell'uomo, di Dio e del diavolo. Così appare l'ambiguità del mondo e della sua storia: è un campo comune ai tre.

Il mondo è un campo chiuso che appartiene a Dio per diritto di creazione; al diavolo per diritto di conquista, a causa del peccato; a Cristo per diritto di Vittoria sul primo conquistatore, a causa della Passione. Il compito del cristiano nel mondo è di disputazione il dominio al diavolo, di strappargli elo; deve sforzarsi a ciò >>[47]

Cominciando da se stesso ci dice Santa Caterina. Come ? Parleremo in un altro capitolo del cammino verso del cristiano verso la perfezione – dall'egoismo alla carità – Qui accenniamo alla condizione previo (?) dalla Santa indicata per poter condurre il combattimento contro il demonio che imperversa nel mondo: la vigilanza della conoscenza. L' appello è rivolto ai religiosi ma esso è certamente valido per tutti i cristiani. <<Noi siamo in giardino, o veramente orto, dal quale giardino e orto n' ha fatto ortolano la prima verità la ragione col libero arbitro [di questo giardino la prima Verità ha posto come ortolano la ragione con il libero arbitro].Poiché il giardino è cosi ben fornito; voglio che alla guardia pomiate (?) il cane della(?); e sia legato alla porta, sicché, se i nemici venissero, e l'occhio dell'intelletto dormisse, il cane abbai. Poiché, abbiamo lo stimolo della coscienza, l'occhio si desta… >>[48]

<< E non tanto, che abbai a' (?) , ma essendo amici, si abbaierà venendo alcuna volta li santi e buoni pensieri di voler fare alcuna buona operazione: si desterà questa dolce guardia, la ragione col lume dell'intelletto, perché veda se egli è da Dio, o no >>.[49]

Due funzioni assegna Santa Caterina alla coscienza condanna delle azioni in palese violazione della legge divina; discernimento nell'operare il bene. Ma perché possa esercitare questa due funzioni, aggiunge la Santa, la coscienza deve essere illuminata dal lume della ragione e dalla luce della fede, altrimenti sarà preda della confusione, peggiore di tutti gli altri di difetti:<< La confusione si scorda in tutto della dottrina che sempre c'è stata data, dice La Santa a Neri di Landoccio. Ella è una labbra che dissecca l'anima e il corpo e tienila(?) in continua afflizione e lega la braccia del santo desiderio e non lassa adoperare quello che vorrebbe>>.[50]

Non è chi non veda (?) l'attualità di questo insegnamento di Santa Catrina:<< Il cane della coscienza, ella dice, va nutrito>> per poter rimanere vigile.

Oggi facilmente si addormenta o viene messa a tacere (?) frastuono delle sollecitazioni di ogni natura da cui quotidianamente siamo aggiunti, dagli assilli continui.

La conoscenza per farsi udire ha bisogno di solitudine e (?) di raccoglimento (pensiamo al valore pedagogico dell'esame di coscienza !). E siccome da soli non siamo capaci di riscuoterci si rende indispensabile l'azione stimolatrice della pastorale in generale e dell'omelia in particolare. Sono esse i campanelli che scuotono dal torpore e illuminano la mente.

È vero che certi temi non sono sempre graditi quando toccano versi (?) scoperti; ma non per questo ci si deve astenere del denunziare la gravità del peccato stampando il discorso in frasi generiche. Certo non bisogna esasperare perché oltre tutto si potrebbe ottenere l'effetto contrario a quello desiderato, ma nemmeno è lecito edulcorare linguaggio e contenuto tradendo il messaggio evangelico, per accattivarsi l'uditorio. Un pericolo che la Chiesa ha corso sempre. Chi ha esperienza di lettere ricorderà la tremenda di Dante ai predicatori del suo tempo (Paradiso c. XXIX 85-126).[51]

San Giovanni Battista apostrofò i farisei con un appellativo feroce: razza di vipere. E Gesù non è stato certamente più tenere. Basta scrivere il capitolo 23, versetti 1-36 per (?) conto. A tal proposito bisogna ricordare che Gesù denunziava i farisei non come singoli ma come gruppo sociale come partito politico detentore del potere. E a questo punto subentra il discorso quanto mai impegnativo del rapporto tra la Chiesa e il mondo.

Un discorso su questo tema non può prescindere dalla posizione assunta dallo schema XIII, la costituzione pastorale sulla Chiesa nel mondo d'oggi: La Gaudiam et spes, soprattutto con il suo incipit ha generato non pochi equivoci circa l'apertura della Chiesa nei confronti del mondo. In realtà la Chiesa ha espresso materna compressione verso le sofferenze di ogni natura che affliggono l'umanità, apprezzamento e incoraggiamento verso quanti con la ricerca scientifica, con provvedimenti legislativi, con la organizzazioni umanitari svolgono azioni di difesa della dignità delle persone. Così come si (?) concretamente di favorire la collaborazione con i poteri politici per promuovere la pace e concretamente opera con la più varie iniziative per alleggerire la sofferenze dei poveri e dei diseredati. Ma da qui a credere che la Chiesa approvi concezioni filosofiche e visioni dell'esistenza che fanno a gara nell'esaltare l'uomo nel mondo come unica realtà nella storia e nel progresso, o addirittura irridono al vangelo e alcristianesismo (Voltaire e suoi (?)) o li considerano funesti (?) per la felicità dell'uomo (vedi Nietzsche) ci corre.

Sul piano della Verità la Chiesa non può non vuole e di fatto non attua alcun compresso. <<Ma, si chiedeva il già citato Maritain, l'amoco non cristiano comprenderà il senso e la ragione di quel servizio della verita che, nell'ordine dottrinale il cristiano mantiene più che muri, irrigidemento le strutture, se necessario, per evitare il sincretismo e la conclusione ?>>. E più oltre: <<Non si scandalizzerà che in certi casi il cristiano (o il cattolico) della conservare a qualsiasi preso l'autonomia dello spirituale rispetto al temporale, o debba rifiutare di fare del cristianesimo una specie di agenzia teocratica incaricata di assicurare il benessere del mondo, la pace universale, il rialzo dei salari, l'alloggio gratuito e il pane per ciascuno ? >>[52]

E succede che ogni qual volta la Chiesa proclama una Verità scomoda per i paladini della verità, costoro levano (?) acuti e gridano al pericolo di cui "ritorno al fanatismo". Non sempre però. Ricordiamo , non per polemica, ma per una semplice constatazione, il famoso incidente del Discorso di Ratisbona. Tutti sanno che in quell' occasione papa Benedetto XVI faceva rilevare che l'islamismo, in diverse zone del mondo, continua a presentarsi come una firma di teocrazia e, fermo a migliaia di secchi passati, ignori il traguardo culturale che ha portato l'Occidente cristiano a rivendicare i diritti della persona umane, a proclamarne la dignità, per così dire, ontologica. Apriti cieli ! Il mondo musulmano insorse in modo violento. Ma quante voci da parte dei difensori della laicità dello Stato si levarono a favore di papa Benedetto? <<Così va spesso il mondo>>, direbbe Manzoni. Ma lo spirito del mondo insidia e penetra nell'interno della Chiesa, assalendo la parte lettera invia ai religiosi, sacerdoti , cardinali e alle suore (-) che non contenga un ammonimento ad essere viglianti e a non cedere alle insidia dello spirito del secolo. Abbiamo già citato passi dalle lettere al prete Andrea e a tre cardinali, ma vogliamo chiudere con brani di una delle lettere più lunga, scritta di proprio pugno,[53] a Frate Raimondo da Capua, nella quale riferisce ciò che la Verità eterna le aveva detto: <<Figliuolo mia dolcissima, vedi come ha lordata la faccia sua con la immondizia (ricordiamo la "sporcizia" lamentata da Benedetto XVI) e con

l'amor proprio, ed enfiato per superbia ed avarizia di coloro che si pascano al petto suo.>>[54]

E dopo aver contemplato lo splendore << dei veri ministri e perfetti religiosi, i quali stettero in questa vita come lucerna ardente posta in sul candelabro differenza era da loro a quelli d'oggi >>. E ode la voce della Verità lamentarsi[55] << Costoro hanno preso la condizione della mosca, che è tanto brutto animale, la quale ponendosi in su la cosa dolce e odorifera, non si cura, poiché ella è partita, di (?) sulle cose fastidiose e immonde. Così questi (?) sono posti a gustare la dolcezza del sangue mio ; e non si curano, poiché sono levati dalla mensa dell' altare, e da conservare e ministrare il corpo mio e gli altri sacramenti della santa Chiesa... essi, dico, essi non si curano di (?) in tanta immondizia , quanto pongono la mente e il corpo loro >>[56]

c) La carne

Il terzo nemico, e non certamente il meno pericoloso, quello di cui il demonio si serve con il più frequenza per offendere Dio quello in cui più evidenti si avvertono la nefaste conseguenze del peccato originale, è la carne. Un aspetto da San Paolo descritto con parola roventi. Dio ha abbandonato coloro che lo hanno rimaneggiato <<all'impurità secondo i desideri del loro cuore, sé da disonorare fra di loro i propri corpi perché essi hanno cambiato la verità di Dio con la menzogna...

Per questo Dio li ha abbondonato a passioni infami; le loro donne hanno cambiato e rapporti naturali in rapporti contro natura. Egualmente anche gli uomini, lasciando il rapporto naturale con la donna, si sono accesi di passione gli uni per gli altri, commettendo atti ignominiosi uomini con uomini, ricevendo così in se stessi la punizione che s'addiceva al loro traviamento (Rm 1,24-27). Nel toccare un argomento così delicato, Santa Caterina si sofferma in termini molto sobri, solo su qualche aspetto del disordine che segna il rapporto uomo-donna. Al suo animo verginale ripugna indugiare su tutta le aberranti manifestazioni della lussuria. Della carne si occupa in maniera più diffusa nelle tre lettere che abbiamo già citato a proposito dal demonio e dal mondo.

A Matteo di Tomuccio serve: <<L'altro principale vento, dico che è la carne; il quale gitta siffatta puzza e miserabile, che non tanto che ella puta dinanzia Dio, ma ella puta dimonia e direttamente fa l'uomo bestiale; (?) quella vergogna ha, che l'animale. Costui fa come il porco, che si (?) nel loto; così egli si volle nel loto della disonestà. E in qualunque stato egli è, guasta sé medesimo >>.[57] È questo il motivo di fondo sviluppato nella lettera. Li lussuria degrada la corposità e ingenera malizia nell'animo.

<<I miserabili [vittima di questa passione] non ragguardano in tanta eccellenza quanto è venuta la nostra umanità per la unione che Dio ha fatta nella miserabile carne nostra...

E sai che puzza esce da questa bocca [sia detto fra parentesi: Caterina avvertiva questo alito pesante quando parlava con qualche cardinale che conduceva vita poco edificante] che attossica chiunque se egli si approssima! Il cuore ne diventa sospettoso; la lingua mormora e bestemmia; credendo che quello ch'è in lui sia negli altri>>.[58]

Gli stessi concetti ripete a Messero Carlo della Pace [De' duchi d'Angio, divenuto re di Napoli] coloro che il demonio, il mondo, e la carne <<si mettono della città dell'anima, il terzo, cioè la fragile carne sua>> si fanno loro schiavi, <<involvendo la mente e il corpo suo nel loto dell'immondizia. S' egli è uomo che abbia donna, contamina lo stato del matrimonio con molta miseria. In quel sacramento non sta con debita *reverentia* , né per quel fine che è ordinato da Dio; ma, come smemorato, cieco dell'anima e del copro, si conducerà a quello maledetto peccato contro natura, il quale puta alle demonio, non che a Dio>>.[59]

A supporto di queste denuncia di Santa Caterina si potrebbero citare innumerevoli testi di santi e di teologi. Qui ci permettiamo di riportare due passi di scrittori della nostra epoca, che evidenziano l'atteggiamento del "mondo" volto ad occultare la gravità di questo male. Bernanos, già citato, pone sullo stesso piano la pazzia e la lussuria.

<<Dopo tutto, che cosa si sa della pazzia ? Che cosa si sa della Lussuria ? La lussuria è una piaga misteriosa nel fianco della specie. Che dico, nel suo fianco ? alla fonte stessa della vita confondere la lussuria, propria all'uomo, col desiderio che ravvicina i sessi è lo stesso che dura il medesimo nome al tumore e all'organo ch'esso divora e di cui avviene che la sua difformità riproduca spaventosamente l'aspetto. Il mondo si affanna molto, aiutato da tutti i prestigi dell'arte, per nascondere questa piaga vergognosa. Si direbbe che tenue, a ogni nuova generazione, una rivolta della dignità, della disperazione: il rinnegamento degli esseri puri intatti>>.[60]

Sergio Quinzio, con linguaggio più icastico denuncia: <<Oggi la carne è ovunque esaltata. Un' esaltazione anticristica che la lega inscindibilmente allo spettacolo , al successo, al denaro, e che, nel vuoto generale, tenta di attrarre a quello che sembra l'ultimo reisduo di realtà e di senso. Un simile esasperato culto della corporeità ha ridotto l'esercizio della sessualità a ripetizione coatta sempre meno appagante, sempre più bisognosa di stimoli artificiali>>[51]

Richiamiamo l'attenzione su due termini che stanno indicare agli effetti rovinosi del demonio della carne sull'uomo: vento e ragione.

Vento è termine usato soventa a indicare i moti dell'animo , ma nella sua manifestazione più violenta, la bufera, opera la metafora più appropriata per indicare la rapina che travolge i sensi. Chiunque abbia una qualche dimestichezza con l'inferno dantesco ricorderà la plastica descrizione dei lussuriosi travolti dall'uragano:

> La bufera infernale, che mai non resta,
> meno gli spiriti con la sua rapina voltando
> e percotendo li molesti
>
> (V, 31-33)

Quanto alla ragione, Santa Caterina fa acutamente rilevare che la vittoria della carne comporta la umiliazione di quanto di più nobile vi è nell'uomo la ragione; abbassarsi a livello delle bestie equivale appunto a privarsi della ragione. Abbiamo già ricordato in proposito Bernanos, ma qui vogliamo ricordare come questo concetto si rinviene nelle espressioni correnti: andare pazzo, impazzire, perdere la testa. Ancora Dante:

> Intesi allor che a così fatto tormento
> Enno dannati i peccatori carnali
> Che la ragion sommettono al talento
>
> (V. 37-39)

Non bisogna però mai dimenticare che la denunzia dei mali che affliggono l'uomo si accompagna nelle lettere sempre e comunque all'invito, che è anche speranza, all'uomo affinché sappia ritrovare la propria dignità facendo prevalere in se stesso la ragione e la grazia. Leggiamo nella lettera a Matteo di Tomuccio: <<è di bisogno [per chi è schiavo della carne] che si levi dal miserabile fondamento dalla carogna, e fondarsi nella viva pietra, Cristo. Allora, venendo il vento, non gli potrà nocere : anco farà resistenza e della purità, disciplinando la volontà sua disordinata con la disciplina tema ma virilmente paghi il gonfalone della santissima croce >>[52]

Un ultima osservazione. Demonio, mondo, e carne formano la trinità della perdizione che si oppone alla trinità della salvezza, che nell'uomo è presente ed operante attraverso le tre virtù teologali: fede, speranza e carità.

Il demonio invidia e uccide nell'uomo la fede nel Padre; il mondo chiude le porte della speranza nel Cristo; la carne prostituisce l'amore dello spirito. Demonio, mondo e carne richiamano alla mente le tre bestie dell'apocalisse: <<Il grande drago, il serpente

antico, colui che chiamando il diavolo e satana che seduce tutta la terra>> (12,9) e scaraventato sulla terra muove guerra <<contro quelli che osservano i comandamenti di Dio e sono in possesso della testimonianza di Gesù>> (12,17); <<la bestia che sale dal mare>> dietro alla quale va <<la terza intera presa d'ammirazione>> (13,1,3); un altra bestia sale dalla terra che <<faceva sì che tutti, piccoli e grandi, ricchi e poveri, liberi e schiavi ricevessero un marchio sulla mano destra e sullo fronte>> (13,16).

CAPITOLO IV

L'inizio del cammino di avvicinamento a Cristo: umiltà, pazienza, obbedienza. Il cammino di preferenze spirituale che conduce a Cristo inizia con la guerra alla triade tenebrosa del demonio del mondo e della carne, con le armi della trinità luminosa dell'umiltà, della pazienza e dell'obbedienza, virtu' previe che guidano l'anima alle più alte vetta della fede, della speranza e della carità, e da questa, attraverso la grazia, ricevono continuo alimento. Le distinzioni in materia di vita spirituale hanno spesso un valore puramente didascalico, in quanto il dinamismo interiore per sua stessa natura è unitario ed in pratica le tue virtù morali dell'umiltà pazienza e obbedienza si richiamano e trapassano l'una nell'altra.

a) La conoscenza di se stesso

Le piante dell'umiltà della pazienza e dell' ubbidienza germogliano e crescono nel giardino della conoscenza di se stessi. Con altra metafora la Santa la chiama "cella". In essa noi conosciamo <<noi per l'essere, e bontà di Dio in noi, riconoscendo l'essere, e ogni grazia che è pietra sopra l'essere da lui>>.[53]

Dio ci ha dato l'esistenza. Dio ci ricolma di grazia continuamente. Conoscere se stessi significa scoprirsi deboli, peccatori, bisognosi di aiuto e di perdono.

<<E vedere i difetti nostri acciocché veniamo ad odio e dispiacimento della sensualità>>.[54] all'uscio della cella l'uomo vigile deve porre il cane della coscienza che svolge un duplice ufficio: abbreviare contro i cattivi pensieri; suscitare in noi, la necessaria ponderazione onda poter prendere decisioni realmente giuste: <<si desterà questa dolce guardia, la ragione col lume dell'intelletto, perché veda se egli è da Dio o no >>.[55]

Il riferimento alla ragione e all'intelletto solleva il pensiero della Santa a un livello filosofico, (Nella Greca classica era ben noto il motto del frontone del tempio di Delfi: conosci te stesso) che per Tommaseo ha rivestimento poetico.

Ecco il suo commento: <<La conoscenza applica con giudizio quasi d'istinto i principi di ragione, perché li vede compendiati nel lume intellettuale dell'essere. Poesia filosofica>>[55]

Parole che inducono a sottolineare l'attualità di questa intuizione cateriniana: la ragione è fatta per persone che pensano, non per creduloni; per uomini responsabili, non per avventati. Oggi si parla di cattolici adulti, ma in senso errato. Adulto non è chi critica o interpreta in modo del tutto personale dogmi e precetti della Chiesa, secondo criteri di opera scelte mediata.

In una lettera dettata " in astrazione " leggiamo :<<Colui che cognosce sé, cognosce Dio e la bontà di Dio in sé e però l'ama >>[57]

Nemico della conoscenza di sé è l'amor proprio: <<La nuvola dell'amor proprio sensitivo di un noi medesimi ci toglie il dolce e dritto. Questo è un arbore di morte, che tiene la radice sua entro la superbia. L'amor proprio priva l'uomo del cognoseimento di sé>> è un vero e proprio veleno dell'anima. Nella lettera a Don Giovanni della cella di Valle Ombrosa leggiamo che noi perseguitiamo Gesù Crocifisso <<con tante puzze di peccati mortali e con l'avvelenato amor proprio il quale avvelena tutto quanto il mondo>>[59]

E da una pianta velenosa non possono nascere che frutti velenosi senza conoscenza di se stessi, infatti non vi può essere progresso spirituale, anzi si sprofonda nei baratri del male. Questo vale soprattutto per le anime consacrate. Il religioso che non abita nella del conoscimento di sé medesimo, scrive la Santa, non sopporta di restare nella cella materiale; se ne allontana con grave danno di se stesso e del prossimo <<Votasi la mente dei santi pensieri di Dio, e empiesi del piacimento delle creature: con molte varie e malvagie cogitazioni diminuisce la sollecitazione dell'ufficio e raffredda il desiderio nell'anima>>[59]

Proprio in una lettera ad un uomo di Chiesa va giù dura: <<Se io mi vollo ????, che sono al giogo dell'obbedienza, per la maledetto radice dell'amor proprio, che non è anco morta in loro, li veggo tanto imperfetti che neuno s'è condotto a voler dare la vita per Cristo crocifisso>>.[60]

L'amor proprio chiude la porta alle riflessione e la spalanca alla presunzione e alla superbia. Privato del lume interiore, l'individuo che ne è vittima non vede il danno che provoca a se stesso ed aagli altri <<E chi non vede, non si può correggere; ??? non odia il male e non ama il vero bene. Onde non correggendosi cade di male in peggio>>[61]
Dire amor proprio significa dire egoismo che nelle suo forme più gravi è fonte di morte. Questo giudizio di Santa Caterina ha una sua terribile attualità. Le legislazioni di tanti Stati del cosiddetto mondo occidentale, con la legalizzazione dell'aborto e dell'??? (per non parlare dei divorzi e dei matrimoni omosessuali) hanno elevato l'egoismo a criterio universale della condotta con conseguente disprezzo della vita.

Nella già citata lettera a tre Cardinali italiani, nella quale ha deprecato la cecità umana, ricorda che <<la tenebra dell'amore proprio non lassa conoscere la verità>> che <<la

nostra vita e la bellezza della gioventù possiamo via, come la bellezza del fiore poi che è cotto della pianta>> e induce a comportamenti riprovevoli di cui <<ogni creatura che ha in sé ragione e molto maggiormente in quello che Dio ha tratti del lato del mondo>> dovranno rendere conto.[62]

Queste parole richiamano alla mente l'analisi profonda e dolorosa compiuto da San Bernardo di Chiaravalle sul progresso annebbiamento dell'animo, causato dalla superbia. Si tocca il fondo della superbia, egli scrive, con la curiosità (pensiamo alle conversazioni inutili, criticate da Santa Caterina) e termina con le consuetudine nel peccato. I gradini intermedi si chiamano: leggerezza, stolta letizia, iattanza, singolarità, arroganza, presunzione, difesa dei propri peccati, ostentata confessione, ribellione, libertà nel peccare.

È l'impero della dissipazione, l'opposto del raccoglimento indispensabile per realizzare una vera conoscenza di se stessi, condizione a sua volta senza la quale non si può raggiungere il traguardo dell'umiltà. Tema sul quale la Santa torna con particolare insistenza: <<In questa cella s'acquistano la vera e reali virtù, e singolarmente la virtù dell'umiltà e dell'ardentissima carità. ??? nel cognoscimendo di noi l'anima s'umilia, cognoscendo la sua imperfezione, e sé non essere; ma l'essere suo il vede avere avuto da DIO >>.[63]

Dalla conoscenza di se stesi, ribadisce in altra lettura, <<esce la vena dell'umiltà, la quale non piglia mai reputazione e non si scandalizza di neuna cosa che sia; ma paziente con gaudio sostiene ogni ingiuria, ogni perdimento di consolazione e ogni pena, da qualunque lato esse si vengano. Le vergone, paiono una gloria, e le grandi persecuzioni refrigerio : e di tutta gode, vedendosi punita di quella perversa legge della propria volontà sensitiva che sempre ribella a Dio; e vedesi confermare con Cristo Gesù crocifisso che è via e dottrina della verità>>[64] siamo venuti così a parlare della prima tappa nel cammino del perfezionamento interiore.

b) L'umiltà

L'umiltà è come la luce : il suo colore branco è sintesi magica di diversi colori. Fusi tra loro creano quella magica potenza della natura da cui dipende la vita sulla natura da cui dipende la vita sulla terra. Non altrimenti l'umiltà nasce dalla compresenza di diversi comportamenti (silenzio, raccoglimento, ascolto e meditazione) e si manifesta in altrettanti diversi comportamenti (pazienza, ubbidienza, preghiera costante, consapevolezza della propria debolezza e richiesta di aiuto, sottomissione, riconoscimento dei propri errori abbandono alla volontà di Dio). L'umiltà illumina la mente e riscalda il cure, aprendoli all'amore verso Cristo e alla comprensione rispettata del prossimo.

La Chiesa considera l'umiltà la regina di tutte le virtù morali, alta delle stesse virtù cardinali. Di essa Gesù ci ha lasciato l'esempio più luminoso. Svuotatosi della gloria a lui spettante per la sua natura divina, ha accettato disprezzo, tradimento, e l'obbrobriosa morta sulla croce e volendo caratterizzare la sua personalità morale si è definito: <<mite e umile di cuore!>> (Mt. 11,29). È quanto San Paolo ha stupendamente evidenziato nel capitolo 2 (versetti 5-8) della lettera ai Filippesi: <<Gesù Cristo... pur essendo di natura divina, non considerò un tesero geloso la sua uguaglianza con Dio; ma spoglio se stesso, assumendo la condizione agli uomini, apparso in forma umana, umiliò, se stesso facendosi obbediente fino alla morte e alla morte di croce>>

Esercizio e manifestazione nello stesso tempo dell'umiltà sono i dodici gradini illustrati da San Benedetto nel settimo capitolo della sua stupenda regola. Limpidezza, semplicità, penetrazione psicologia segnano questo capitolo (come del resto tutta la regola benedettina) e benché diretto esplicitamente a religiosi esso costituisce pur sempre un prezioso testo di riflessione per quanti vivono nel secolo (laici e presbiteri), per cui ritorniamo utile riassumerlo brevemente. Assumendo come simbolo la scala di Giacobbe, San Benedetto vede negli angeli che salgono gli spiriti umili e negli angeli che scendono gli spiriti che si esaltano. L'umiltà innalza l'uomo agli occhi di Dio, la superbia lo abbassa. San Benedetto ha contemplato la scala di Giacobbe alla luce della massima evangelica <<chi si innalzerà sarà abbassato e chi si abbasserà sarà innalzato >> (Mt 23,12).

Ma ha avuto presente la condizione problematica della natura dell'uomo nella quale confluiscono, confliggendo tra loro, anima e corpo. Scrive infatti: <<I montanti della scala sono il nostro corpo e la nostra anima; in essi Dio ha inserito i diversi gradini della umiltà o della disciplina, chiamandoci Scalarli>>[65]. Richiamiamo l'attenzione sul termine disciplina: per San benedetto l'umiltà è dominio dei moti inconsulti dell'animo e dei movimenti scomposti del corpo. Consentono più direttamente di raggiungere la prima conquista i primi otto gradini:

- Temere Dio che tutto vede; non fare la propria volontà.
- Non compiacersi di soddisfare i propri desideri;
- Obbedire per amare di Dio sull'esempio di Gesù Cristo.

- Abbracciare con pazienza e in silenzio quanto nell'obbedienza vi è di contrareo e di duro, le ingiurie e le sofferenze.
- Confermare all'abate umilmente tutti i pensieri malvagi sorti nel cuore e i peccati commessi.
- Rallegrassi della propria viltà e povertà, considerarsi operaio inutile e indegno.
- Confessassi e sentirsi più piccolo e più vile degli altri.
- Osservare scupolosamente la regola e imitare gli esempi dei superiori. Al raggiungimento del secondo obiettivo mirano gli ultimi quattro gradini.
- Frenare la lingua e amare il silenzio.
- Non essere facile al riso.
- Parlare dolcemente senza ridere, umilmente con gravità, sottovoce e con libertà.
- Assumere un atteggiamento umile nella preghiera, nel lavoro, in compagnia, tenendo sempre il capo reclinato.

Saliti questi gradini il monaco perverrà alla carità di Dio.[66]

Paolo Benedetto o ci faranno da guida nella folta vegetazione dell'epistolario caterimano.

I Paolo: Cristo modello insuperabile di umiltà.

Ai frati di Mont'Oliveto Santa Caterina manda a dire che brama ardentemente di vederli <<seguitori dell'umile e immacolato Agnello, il quale ora c'è rappresentato dalla santa Chiesa in tanta umiltà e mansuetudine, che ogni cuore di creatura ne dovrebbe venire meno e confondere e spegnere la superbia sua. Questo Parvolo e venuto per insegnarci la via e la dottrina della verità>>.[67] Il riferimento a Gesù Bambino (Manzoni. Il Natale: eccoci è nato un Pargilo/ ci fu largito un figlio) è dovuto probabilmente alla coincidenza che la lettera è stata scritta nel periodo natalizio ("ora"). Ma questa annotazione di natura cronachistica non deve farci dimenticare la portata teologia dal richiamo allo squallore di Betlemme. Infatti il primo esempio di umiltà Gesù ce l'ha dato nascendo in una squadra grotta. Ma venuto <<come carro di fuoco, manifestandoci il fuoco dell'amore ineffabile del Padre eterno insegnandoci la dottrina della verità>> ha scelto come cattedra la santissima croce <<Ed ina ci lavò la faccia dell'anima nostra col prezioso sangue suo. Dico che c'è insegnò la via dell'amore e la dottrina della virtù. Egli ci mostrò in che modo noi dovranno amare, a valore avere la vita>>.[68]

II Benedetto: i gradi dell'umiltà.

Gli insegnamenti di San Benedetto sull'umiltà li rinveniamo presenti con maggior frequenza nelle pagine in cui Santa Caterina sull'ubbidienza. Ma anche per la umiltà in generale si rinvengono analoghe evidenti: San Benedetto la scala di Giacobbe come metafora degli spiriti che praticando l'umiltà salgono verso la perfezione e ??? alla superbia precipitano nel baratro del male. Santa Caterina, carentemente con quanto con quanto affermato nel paso in precedenza riportato ai << Acciocché ella [l'anima] possa salire a questa perfezione, il nostro Salvatore ha fatto del corpo suo scala e su vi ha fatto.

Gli scaloni: piedi, costato, bocca.

Primo scalone: inchiodare la volontà: <<Se ragguardate i ???, essi conflitti e cavillarti in croce, porti per primo scalone; ????? prima ??? essere l'affetto dell'anima spogliato d'ogni volontà propria. Perocché come i ??? portano il corpo, così l'affetto porta l'anima. Sappiate che l'anima. Sappiate che l'anima ??? non ha alcuna virtù se non sale questo primo scalone >>.

Seconda scalone: inebriarsi del sangue di Cristo: <<Salito che tu l'hai, giugni alla vera e profonda umiltà.>> Sì perché l'umiltà non è aridità, ma ebrezza di ??? un nullità di fronte al Signore <<Ma ??? poi all'alto e non tardare più: e ciò fatto, e tu giugni al costato aperto del ??? di Dio; e ine troverete il fuoco e l'abisso della divina carità. In questo scalone del costato aperto vi troverete una bottega [non un luogo dove si vende, ma dove si rinviene e si riceve] piena di specie odorifere. Ine troverete Dio-ed-Uomo; ine si sazia e si inebria l'anima per sì fatto modo che non vede sé medesima>> (Quanto c'è di Santa Caterina nell'invocazione di Sant'Ignazio di Loyola: Sangue di Cristo, inebriarmi ?).

Terzo scalone: pace dell'obbedienza

<Siccome l'inebriato di vino, così l'anima allora non può vedere altro che sangue sparto con tanto fuoco d'amore. Onde allora si leva con ardentissimo desiderio e giunge all'altro scalone, cioè alla bocca, e ine si riposa in pace e in quiete e gustavi la pace dell'obbedienza>>.[69] La pace interiore è il traguardo di chi vive in perfetta umiltà, perché la sua anima, completamente vuotata di se stesse si perde nella contemplazione di Cristo crocifisso e non sa più che cosa sia il desiderio.

Il desiderio, infatti, è fonte di irrequietezza, di disagio, di ansia. Sentimenti che si accompagnano alla conquista della virtù. Dice a Padre Raimondo>> Sicché, pensate in questo: che l'anima non può ricevere né desiderare virtù, che ella non abbia, è desideri, molestie e tentazioni per amore di Cristo crocifisso>>[70] . Annota acutamente il Tommaseo: <<Anco il desiderio è un principio di molestia; perché riconosce di non

avere il bene a cui tende; perché tiene tese le facoltà dell'anima a conseguirlo (il quale stato non è agiatissimo, ma tanto più dà pena quanto il desiderio è più ardente); e perché sebbene chi desidera spera, non è però sicuro del come e del quando atterrà, onde nella stessa speranza si cela una tema. Tutte queste verità sono in chiuse nella parola desideri; così collocata potentemente >>[71]

È la volontà che occorre sopprimere è detto chiaramente nella lettera a Monna Agnese: <<Volete voi avere pace e quiete ???? la volontà; perocchè ogni pena procede dalla propria volontà. Vestitevi dunque della dolce ed eterna volontà di Dio ed a questo modo gusterete vita eterna e sarete chiamati angeli terrestri in questa vita>>. E la Santa porta l'esempio di Sant'Agnese di Montepulciano: <<sempre volse avvilire sé medesima, sottomettendosi ad ogni creatura, retribuendo e cognoscendo ogni grazia e virtù avere da Dio, e così conservava in sé la virtù dell'umiltà>>[72] Quello che San Benedetto propone nelle sue norme lapidarie, Santa Caterina espone in esternazioni ampie e variegate. Da notare nei passi riportati la comunanza di visione: la virtù dell' umiltà e mortificazione della volontà e scala alla carità. E proprio sul tema della mortificazione della volontà la Santa mostra una originalità di veduta che merita di essere messa nella sua questa luce.

III volontà sensitiva e volontà spirituale

Ci rifermiamo alla distinzione fra volontà sensitiva e e volontà spirituale. Annota in proposito il tommaseo: <<Le sue leggi dell'Apostolo[73] accennano alla lotta dello spirito col senso ma questa divisone, è cosa ancora più intima, è uno scrittore con più tremenda delicatezza i segreti dell'anima>>[74] La volontà sensitiva è quella dell'amore proprio. Ci permettiamo di ricordare che sono diversi i passi delle lettere di San Paolo nel quali viene fatto riferimento alla condizione drammatica dell'uomo dilamato dalla lotta tra i desideri della carne e la legge dello spirito. Valga per tutti Rm 7,14-18: Sappiamo infatti che la legge è spirituale, mentre io sono di carne, venduto come schiavo del peccato. Io non riesco a capire neppure ma quello che detesto. Ora, se faccio quello che non voglio, io riconosco che la legge è buona; quindi non sono più io a farlo ma il peccato che è in me>>. È la volontà di chi ama l'onore, le ricchezze, la delizia. È il regno dell'egoismo contro il quale bisogna combattere tenacemente. Noi dice la Santa siamo un giardino o meglio un orto dal quale, con il libro arbitro, la ragione e la grazia di Dio, dobbiamo strappare la spine dei veri e piantare le erbe profumate delle virtù ? Come: rivoltando la terra della propria volontà sensitiva <<che non si diletta d'altro che di diletti terreni e transitori, pieni di triboli di spine, e di visi

e di peccati>>.[75] La volontà sensitiva è il mondo <<con tutta le proprie, delizie e ricchezze sue>>[76]

La volontà spirituale, invece, è più insidiosa, perché si velato del colore della virtù. Nel descriverla Santa Caterina si dimostra un'acuta psicologia, mettendo a nudo le debolezze delle anime pie e nello stesso tempo delineando un aspetto del complesso mondo dell'interiorità, quello dei grandi mistici che vedono nell'annientamento totale di se stessi lo stato della perfetta unione con Dio. Un traguardo non facilmente raggiungibile, perché molti sono quelli che vincono la volontà sensitiva, ma rimangono prigionieri della volontà spirituale. Questo argomento viene sviluppato con notevole ampiezza nella lettera a Frate Antonio da Nizza. In noi, scrive la Santa, esiste una lettera volontà: la sensitiva e la spirituale. La prima cerca le cose sensibili; la seconda pretende di scegliersi luoghi tempi e consolazioni a suo piacimento. <<Spesse volte l'anima riceve consolazione e da Dio poi si senta privata di quella>>, e ne riceve un'altra meno intensa ma che porta maggior frutto. L'anima prova pena e tedio; e spesso teme di difendere Dio. Ne profitta il demonio. <<Dico, Figliuolo e fratello in Cristo Gesù, che quest'anima s'inganna colla propria volontà dolcezza con quella ??? la puglia il demonio >>[77]

Segue la precisazione definitiva. ??? Direttamente da Gesù, l'illetterata Caterina ci illustra con grande efficacia in che cosa consiste la volontà spirituale. <<Disse una volta il nostro dolce Salvatore a una sua dilettissima figliuola: <<sai tu come fanno questi che vogliamo adempire la mia volontà in consolazione e in dolcezza e in diletto? Come ne sono privati; elli vogliono uscire (?) dalla mia volontà, parendo loro ben fare, e per non offendere: ma gli è nascosta la falsa sensuali; e per fuggire pene, cade nell'offesa. Ma se l'anima fusse savia, e avesse il lume dentro della volontà mia ragguarderebbe al frutto e non alla dolcezza>>.

Chi è guidato dal lume di Cristo accetta tutto ciò che da Lui ??? le delusioni; l'aridità, convinto che solo per amore è mosso a dare la dolcezza e toglierla. Continua Gesù: <<Ma non fa così colui che ha la volontà dentro viva, cercando le cose a suo modo: che par che egli creda saper meglio quello che egli bisogna che io. E spesse volte dice: <<mi ci pare offendere Dio. ??? via l'offesa e faccia ciò che vuole>>[79]

<< Se tutte l'operazioni di ??? e consolazioni dentro venissero meno, stia sempre la buona volontà, per piacere a Dio. E sopra questa pietra è fondata la Grazia. Se dici:>> non me la pare avere>>:- dico che egli è falso>: perocché se non l'avessi, non temeresti di offendere Dio. Ma egli è il dimonio che fa vedere questo, perché l'anima venga a

conclusione e a tristizia disordinata, e perché tenga ferma la sua volontà in volere le consolazioni, i tempi e i lunghi a suo modo. Non gli credette figliuola: ma sempre si disponga l'anima a sostenere pene, per qualunque modo Dio le dia>>.

Il colloquio termina con un'immagine dantesca<< Altrimenti, faretti come colui che sta in (?) sull'uscio col lume in mano, che distende la mano di ???, e fa luma ???, e dentro è tenebroso. Ciò è colui che già è accordato nelle cose di ??? colla volontà di Dio, disprezzando il mondo; ma destro gli rimane la volontà spirituale viva, velata con calore(?) di virtù>>.[80]

La penitenza stessa va usata come un mezzo e con discrezione. Scrive a Suora Damiella da Orvieto, domenica, afflitta perché non poteva seguire la sua grande penitenza>> Molto penitenti ho già veduti (?), i quali non sono stati pazienti né obedienti, perché hanno studiato a uccidere il corpo, ma non la volontà. Questo ha fatto la regola della indiscrezione, Sai che n'addiviene ? tutta la consolazione e l'affetto loro è posto in fare la penitenzia a loro mondo, e non a modo d'altrui. In essa notricano la loro volontà: mentre che essi la compiono, hanno consolazione e allegrezza, e pare a loro essere pieni di Dio, come se ogni cosa avessero compito; e non se ne avvengono che ??? nella propria reputazione e in giudizio. [cadono nella opinione falsa di sé e quindi nella condanna Tommaseo]>>.[81]

Discorso ripreso e allargato nella lettera a Monna Agnesa da Toscanella, grandissima ???

Introduce il suo ampio argomentare ribadendo ancora una volta che <<il vero cognoscimento si cava nella vera umiltà con il lume della santissima fede uccidendo in sé la propria volontà, non mezza ma tutta>>. Vuole dire la volontà sensitiva e la volontà spirituale. Quest'ultima rimane viva, quando noi ??? <<cercando le proprie consolazioni a modo nostro e non a modo di Dio>> e riceviamo grandissimi ??? <<alcuna penitenzia che va presa per strumento e usare per aumentare la virtù e non semplicemente per pulire il corpo; praticata con criterio a tempo debito e non come ci pare e piace. E anche in un'azione così meritoria si cela l'inganno del demonio. Si pretende che egli altri si comportino allo stesso modo e finisce per mormorare con tro coloro che agiscono diversamente. Tutti costoro <<quasi pare che vogliano ?? legge allo Spirito Santo che ci chiama e guida per diversi altro modo la possibilità della natura>>[72]

Inizia a questo punto una vere e propria trattazione di teologia morale sulla virtù dell'obbedienza. << Ogni creatura, che ha in sé ragione, debba essere obbediente ai comandamenti di Dio. Il disubbidiente offende Dio, in lui nasce la morte ed elegge quello che Cristo fuggì>>. << Cristo fuggì la delizie e la delizie e li stati del mondo; egli lo cerca, mettendo l'anima sua nelle mani delle dimonia per potere avere e compire i suoi disordinati desideri>>. << Questa è una obbedienza generale. Ed è un'altra obbedienza che è particolare, la quale hanno coloro che entrano nel giardino della santa religione. ??? cosa gli sarà obbedire all'ordine e al prelato. Onde se ?? è ?? con la volontà morta. Come debba; egli gode, e stando nell'amaritudine sente la dolcezza, e nel tempo della guerra gusta la pace, e nel mare tempestoso fortemente naviga; perocchè mena l'anima nella navicella dell'ordine. Il prelato gli promette di dargli vita eterna se osserva: tre ??? principali, cioè obbedienza, continenza, e povertà volontaria. La [sua] navicella va si diritta verso il porto di vita eterna col vento dell'obbdienza. Molto scogli si trovano nel mare di questa tempestosa vita.

<< Duro scoglio è quello delle dimona, le quali non dormono mai, volendo assediare l'anima di molte varie, diverse e laide cogitazioni>> specie quando l'anima si dedica alla preghiera << per far venire a tedro l'orazione e la santa obbedienza >>. L'idea del demonio ??? << di non potere perseverare in quello che è cominciato, né portare le fa dighe dell'ordine; e la paglia gli fa pareva una trave; e una parola che egli zia detta nel tempo delle bottaghe, gli farà parere uno coltello>>. << Ma un'altra ne pone, colorata colore dell'odio e del cognoacimento dal difetto suo... dicendo nella mente sua:<< Omero, tu debbi fare le tue operazioni e orazioni schiatte con pensieri; e tu fai tutto il contrario: onde, perché tu non le fai come tu debbi, elle non sono piacevoli a Dio. Meglio t'è dunque di lassare stare >>. Vera la permessa velenosa la conclusione << chi è colui che ??? e non percuota in questi scoglio ? Solo l'obediente perocché egli è umile, e l'umile passa e rompe tutti i laccioli del demonio>>. << E trovarsi ancora lo scoglio della fragile e un ??? carne che vuole impegnare contra allo Spirito>> Ma se la volontà non acconsente, la carne è frenata. E l'ubbidente, la cui volontà è morta nell'amore, non ne riceve alcun nocumento; anzi la sensibilità che lo minaccia è occasione per essere vigile in ciò secondato dell'umiltà. C'è poi lo scoglio del mondo, che ha certamente le sue bellezza come essergli di Dio, ma esse sono gustate dall'uomo che << non le ha lassate nel luogo dove elle debbono stare, cioè amarle per la gloria e loda del nome di Dio>>.

(?)<< Chi 'l possa questo scoglio ? l'obediente, osservando il voto della povertà volontaria>>. E Caterina propone in un ??? impetuoso alla obbedienza. << O obedienza che sempre stai unità nella pace o nella obbedienza del verbo, tu sei reina cornonata di fortezza; tu porti la verga della lunga perseveranza; tu tieni nel grembo tuo i fiori delle vere e reali virtù; tu fai gustare il bene immortale, fai diventare d'uomo angelico terrestre,. Tu pacifichi e unisci i disordinati >>. Laddove la disobbedienza << dà frutto di morte; è un vento traverso, che fende la navicella, percuotendola negli scogli detti: onde l'anima affoga nel mare col molta amaritudine, per la privazione della Grazia, trovandosi nella colpa del peccato mortale>> << La lingua figlioli carissimi, non sarebbe sufficiente a narrare il male che esce dalla disobbedienza>>.

Due concetti ci appaiono particolarmente degni di attenzione nei passi riportati carattere strumentale delle penitenze corporali; la moderazione nel ricorso ad esse. Il corpo va frenato e mortificato perché, a causa del peccato originale prevarica sullo spirito, diventa l'unica nostra preoccupazione, ci fa dimenticare di peccato. Le sofferenze ad esso inferte, atto liberamente compiuto, devono mirare a reprimere i vizi, l'acquisizione delle virtù, l'elevazione della mente a Dio (ce li rammenta il prefazio del periodo quaresimale), in riparazione dei nostri peccati e dei peccati dei nostri fratelli. Il dolore fisico deve essere il dolore dell'anima: il corpo diventa la parola dell'anima. Noi diciamo comunemente: il corpo di un'anime; ma è altrettanto vero che ogni anima ha un suo corpo che se distingue da tutti gli altri miliardi creati da Dio. Si può soffrire per tante ragioni. Quante rinunzie devono affrontare i campioni dello sport; a quante ??? si sottopongono tante giovinette per mantenere la cosiddetta linca, con conseguenze disastrose, quali l'anoressia che spesso porta alla morte ! Si può soffrire per orgoglio, per mostrarci superiori alle debolezze umane (si pensi agli storci e ai cinici). Si può soffrire addirittura in odio. Ricordiamo il mito di Prometeo e quello di Capaneo, ripreso da Dante.[83]

E al nostro pensiero sgomento si presenta l'inutile tragedia dell'inferno. La teologia ci insegna che le anime dannate soffrono, molto più che per le pene del senso, per le pene del danno: la privazione di Dio. L' umiltà è un abito che si acquista combattendo gli assalti della superbia, che mettono a dura prova la nostre volontà, ma senza di essi non sapremmo che cosa è la umiltà. << per la superbia s'acquista l'umiltà. Quando l'uomo si vede molestare di esso vizio di superbia, subito s'umilia, cognoscendo sé difettuoso, superbio che se non avesse avuta quella molestia, non si sarebbe si ben cognosciuto. Poiché s'è umiliato e veduto, concepe odio per sì fatto modo, che goda ed esulta d'ogni pena ed ingiura che sostiene >>. E questo vale per ogni altri virtù. << Sicché, pensate in questo: che l'anima non può ricevere né desiderare virtù, che ella non abbia i desideri, molestie e tentazioni, a sostenere con vera e santa pazienza per amore di Cristo crocifisso >>[85] L'altro punto su cui ci preme richiamare l'attenzione è l'invito alla moderazione: la macerazione del corpo va rapportata alla capacità di sopportazione individuale, ma anche alle attività che ognuno è chiamato a svolgere nella vita sociale. Ricordiamo la frase << lo Spirito Santo ci chiama e guida per diversi modi, chi per penitenzia e chi per altro modo; chi con poca, e chi con molta, secondo la possibilità della natura; e chi che se va solo per l'affocato desiderio >>. Non possiamo certamente ammazzarci con le penitenze: la vita è sacra e solo Dio può togliercela. Tanto più ammirevole un simile ammonimento quanto più si pensa che ci viene e dato da una donna che dormiva per terra e si alimentava solo di verdure e che diceva di se stessa:<<... io voglio che le pene mi siano cibo, le lagrime beveraggio, il sudore mio unguento. Le pene voglio che mi ingrassino, le pene mi guariscano, le pene mi rivestano la mia nudità, le pene mi spoglino d'ogni proprio amore, spirituale e temporale >>[84]

c) La pazienza e l'obbedienza

Osiamo credere che i passi riportati, sia puretratti da un limitato numero di fronti, abbiano adeguatamente fatto emergere il pensiero di Santa Caterina sull'umiltà possono offrire sufficiente materia per ammirare, riflettere e trarre insegnamenti. È ora quindi di passare a quelle che la Santa considera figlie predilette dell'umiltà: la pazienza e l'obbedienza. Abbiamo riunito sotto un amico paragrafo questi due temi perché la Santa ce le presenta quasi sempre collegati tra loro: nella pazienza vi è obbedienza e non vi è obbedienza senza pazienza. Del resto ribadendo quanto già detto, certe distinzioni hanno un semplice valore didascalico in quanto il dinamismo spirituale si svolge all'insegna dell'unità. Cosi, ad esempio nella lettera a due olivetani pone in evidenza l'intima connessione tra umiltà, pazienza, ubbidienza e la carità. Tutte e tre queste virtù morali sono effetto e manifestazione a nutrimento della carità <<... pazienza non è mai se non in colui che sta in perfetta carità: onde colui che ama perde la malagevolezza. Ed è umile... E tanto sarà umile quanto obediente, e tanto obediente quanto umile. Oh quanto è dolce, figliuoli carissimi, questa dolce virtù della pronta obbedienza! La quale obedienzia tolle ogni fatiga, perocché è fondata in carità; e caità non èsenza pazienza né senza umiltà. Perocché l'umiltà è baglia [balia] e nutrice della carità>> << La pazienza è il midollo della carità>>[85] È davvero degna di ammirazione questa capacità della Santa di penetrare nel dinamismo interiore dove non esiste frammentazione, ma circolarità inscindibile per cui l'umiltà trapassa nella carità e viceversa, in un continuo reciproco arricchimento. Modello perfetto a cui ispirarci a sostegno sicuro per poter praticare la pazienza e l'obbedienza, resta, come giù per la umiltà, sempre e solo il divino Maestro. Egli, infatti, ci ha dato << dottrina d'umiltà e d'obedienzia, di pazienza, di fortezza e di perseveranzia. Perocché egli non lasciò il giogo dell'obbedienzia che aveva ricevuto dal padre, né la salute nostra per alcuna pena; ma con tanta pazienza, che non si è udito il grido suo per neuna mormorazione>>[86] Ai frati ai quali rivolge questa parola ricorda che, se la nave dell'Ordine li tiene al riparo dai marosi del mondo, perché tassa(?) continui la sua navigazione, devono impugnare, il timone del'obbedienza e mantengere diritto l'albero della croce. << Ma guardate, ammonisce, che il timone dell'obedienzia non v'esca dalle mani, perché ??? sareste a pericolo>>. Perciò essi debbono abbracciare << l'arbore della santissima croce, seguitando le dottrine e le vestige dell' umile e immacolato Agnello, anneggando e uccidendo la vostra propria volontà con obbedienza pronta, che mai non allenti per alcuna fadiga, o per obedienzia incoportabila [obbedienza imposta]>>[87]

da cristo, dunque, riceviamo insegnamento, esempio e forza per praticare la pazienza e l'obbedienzia, gemelle dell'umiltà inseparabili: << O gloriosa virtù, che porti taco l'umiltà. Perocchè tanto l'uomo è umile quanto obediente, e tanto obediente quanto umile. Il segno di questa obedienzia è la pazienzia, con la quale pazienza non vorrà recalcitrare allaq volontà di Dio. Questa virtù non è sola, quand'ella è perfetta nell'anima; anco, è accompagnata con lo lume della fede fondata nell'umiltà, perocché altrimenti non sarebbe obediente con la fortezza e con la lunga pazienzia>>.[88] Analoghe considerazioni svolge, con toni schietti e appassionati, in una lettera inviata alle religione di due monasteri toscani. Il che dimostra quanto le stesse a cuore questo aspetto della vita dei monasteri dei suoi tempi. << Imparate, imparate dallo Sposo Eterno, dolce e buono>> Una suora disobbediente non solo ma non benefica dei meriti della prossima, ma è spiritualmente morta: << Sapete che senza obedienzia voi non potreste partecipare al sangue dell'Agnello. Ora che è la Religiosa senza il giogo dell'obedienzia? È morta; e direttamente un demonio incarnato>>. Come mai tanta severità? La Santa sa benissimo che solamente si c'è obbedienzia e edificante. La religiosa che non obbedisce << non è osservatrice dell'Ordine, ma trapassatrice dell'Ordine>>, perché viola i comandamenti di Dio e vien meno al voto fatto entrando nell'ordine.[89] Ma subito dopo aggiunge, con accenti dolci e delicati << O dilettissime suore e figliuole in Cristo dolce Gesù… volete voi dilettarvi dello sposo Vostro? Or uccidete la vostra perversa volontà e non ribellate alla vera obedienzia >>. Perché quell'appellativo "vera" ? Quando l'obbedienza è vera ? Quando si accettano senza mormorazioni o risentimento gli ordini dei superiori; quando questi non vengono eseguiti passivamente, ma vengono condivisi e si riconosce che sono impartiti per il bene dell'anima: << Sapete che il vero obediente non va mai investigando la volontà del prelato suo, ma subito china il capo, e mandala << effetto>>[90] queste parole ricordano un passo della Regola di San Benedetto:<< Obbedire a tutti gli ordini dell'abate, anche se, non sia mai, egli dovesse diversamente del Signore: Fate quel che dicono, ma non fate quel che fanno>>.[91]Così ancora, la Santa trova sempre nuovi accenti per esaltare le consolazioni spirituali che provengono dalla obbedienza e dalla pazienza. << O obedienzia, che sempre stai unità nella pace e nella obedienzia del Verbo, tu sé una reina coronata di fortezza; tu porti la verga della lunga perseveranzia; tu tieni nel grembo tuo i fiori delle vere e reali virtù... tu pacifichi e unisci i disordinati... In te, obedienzia, non cade giudicio verso alcuna creatura...Pigli la compassione del prossimo, ma non giudizio... nell'amaritudine gusti la dolcezza, e nel tempo della morte la vita della Grazia>>.[95] E per voltiuro << Oh pazienzia quanto sei piacevole! Oh pazienzia quanto dai a chi ti possiede, e non sé posseduta dal'ira... tu portiteco un coltello di due tagli per tagliare e dibarbicare l'ira e la superbia, e il mirello della superbia e impazienzia; cioè, dico due tagli, odio e amore. E il vestimento tuo è vestimento di sole... Egli è ricoperto questo tuo vestimento di stelle di varie e diverse virtù...>>[96] L'oobedienza non va semplivemente praticata: va amata, <<Innammoratevi di questa vera e santa virtù>>. Quello che San Benedetto dice della castità, Santa Caterina lo ripete per l'ubbienza:<< Amare la carità>>[92] Un degli effetti benefici dell'ubbidienza è la pace. Perché ubbidire significa riunciciare a ogni desiderio, che non sa quello di piacere a Gesù. <<All' ubbidienzia seguita la pace: perocché l'obbedienza tolle ogni pena, e dà ogni diletto; perocché è tolta via la volontà che dà pena direttamente>>.[93] Né meno proficua di benefici spirituali è la pazienza, alla quale Santa Caterina eleva un vero e proprio inno: << Oh vera e dolce pazienzia, la quale sé quella virtù che non sé mai vinta, ma sempre vinci! Tu sola sé quella che mostri se l'anima ama il suo Creatore, o no. Tu ci dai speranza della Grazia: tu salvi l'odio e il rancore del cuore; tu tolli il dispiacere del prossimo; tu privi l'anima della pena; per te i grandi pesi delle molte tribolazioni diventano leggeri, e per te l'amaritudine diventa dolce: in te pazienzia, virtù reale, acquistata colla memoria del sangue di Cristo crocifisso, troviamo la vita>>[94] Scrivendo "per ultimo" non intendevamo dire che il repertorio nel tema della pazienza era esaurito. Tutt'altro. Su questa virtù morale la Santa ritorna nelle sue lettere numerose volte. E più propriamente non sulla pazienza in astratto, ma sul comportamento paziente ci invita a riflettere. Dai suoi scritti emerge non la precisa natura della pazienza, ma il vero carattere del prossimo! E qual è questo carattere: il paziente non è un rassegnato, un soccombente, ma è un lottatore, in combattente instancabile contro i tre nemici della nostra salvezza: demonio, mondo carne. Ne è riprova l’immagine presente nel paso sopra citato: il paziente porta con sé il coltello di due tagli: dell’odio e dell’amore. E per combattere c’è bisogno non solo di un’arma, ma anche di una forza interiore: la forza della grazia. <<Dio ch’è nostra fortezza, se noi vorremo con la ragione, con la forza della volontà e con la mano del libero arbitro la fragilità, nostra Dio non dispregerà la forza che faremmo, scrive nella lettera a Marco Brindi, mercatante, perocché egli è accettatore dei santi desiderio e daracci questa dolce e reale virtù>>.[95] l’apparente ossimoro: ci vuole forza per vincere la debolezza rende a meravigliosa un principio fonfante della dottrina cattolica: per vincere la nostra tendenza al peccato occorre l’aiuto di Dio. Idea ampiamente ripresa e sviluppata questa lettera: da soli non riusciremo mai a diventare pazienti secondi Dio. <<Quattro cose principali ci conviene avere e considerare>> per poter temere e considerare la pazienza.

Prima cosa: <<avere il lume della Fede, nel quale lume della Fede santa>> noi interpreteremo come atto di amore le sofferenze che Dio ci manda; senza di essa l’anima giace nella tenebre << tenendo che per odio Dio gli permetta le tribolazioni e la fadighe ch’egli [la cioè l’nima] ha>>.

Seconda cosa: << ci conviene non tanto credere, ma essere certi che ogni cosa che ha in sé essere, procede da Dio>>. Ce lo ha insegnato Cristo quando ha detto che non cade foglia dall’ albero che Dio non voglia e che egli conosce il numero dei capelli del nostro capo. << Se dunque così dice delle cose insensibili, molto maggiormente ha cura da noi, creature ragionevoli >>

<< La terza cosa è questa: che Dio è somma eterna Bontà e non può volere altro che il nostro bene >>. Ne è prova somma la morte del suo Figlio sulla croce. Del resto come può Dio che è sommo Bontà fare altro che il bene. Egli permette che affrontiamo sofferenze in questa vita, << E questo fa o per punisce; nostri difetti in questo tempo fronte o per provare in noi la virtù della pazienzia >>. Alcuna volta Dio permette queste sofferenze perché << noi conosciamo noi medesimi e la poca fermezza e stabilità del mondo; e perché neuna cosa possiamo tenere che nostra sia, che non ci possa essere tolta, se non solo Grazia di Dio>>

<< La quarta cosa che ci conviene avere per poter venire a vera pazienzia è questa: che noi consideriamo i peccati e difetti nostri; e quanto abbiamo offeso Dio: il quale è Bene infinito>>[96]

CAPITOLO V

Il coronamento del progresso spirituale: fede, speranza e carità. Nei pressi ripostati sulla umiltà sulla pazienza e sull'obbedienza ci è occorso di imbatterci in frequenti riferimenti alle virtù teologali; di cui sono manifestazione e nello stesso tempo sublimazione. Riportiamo di proposito una delle ultime: per acquistare la pazienza occorre <<avere il lume della Fede, nel quale lume della Fede santa>> noi interpretiamo come atto di amore la sofferenza che Dio ci manda. Vediamo ora più dettagliatamente che cosa Santa Caterina pensa della fede, della speranza e della carità. Una premessa che è una ripetizione. La distinzione non è separazione. Fede speranza e carità non sono comportamenti-stagno, ma tre modalità di vivere il rapporto filiale con Dio: la fede è assenso; la speranza è attesa; la carità è anticipazione, ma sempre in una unità indissolubile, immagine dell'Uno-trino. Così, ad esempio, leggiamo: <<L'anima fedele che tutta fa fedele speranza sua La posto in sul legno della santissima croce... acquista ine tanta fede, che non sarà nessuno monte, cioè monte di neuno peccato... che comandandolo con fede viva... non nuova questo monte da vizio a virtù+...>>[97]

Ed ancora: <<... dall'amore nasce la fede viva; perocché tanta ho fede e speranza, quanto io amo: e l'amore, cioè la divina carità, parturisce (?) i figliuoli delle virtù vive, e non morte>>.[98]

Fede speranza e carità abitano nel cuore dell'uomo che sa dominare le proprie passioni e tutto riconduce all'amore di Dio <<In che modo regge sé medesimo colui che teme Dio? E con che giustizia? Il modo suo è questo. Che con lume di ragione egli ordina le tre potenze dell'anima; e con quell'ordine regola tutta la sua vita spiritualmente e corporalmente, in ogni luogo, stato e tempo ch'egli è, giustamente. Ordina la memoria a ritenere; benefici di Dio e l'offesa che lui ha fatte al sommo Bene. Ordina l'intelletto a vedere l'amore con che dio ha date le grazie; e a cognoscere la dottrina della sua verità. Così ordina la volontà ad amare l'infinita bontà di Dio...>>[99]

La fede è il lume che guida le nostre valutazioni e la nostre scelte sulla via della verità un duplice livello. <<Il primo è che noi siamo alluminati in conoscere le cose transitorie del mondo, le quali passano tutte come il vento>>[100] Questo lume generale è il preludro (?) per la conquista del lume perfetto e cioè <<che il Verbo del Figliuolo di Dio si notricò alla mensa del santo desiderio dell'amore del padre e della salute nostra; e con questo desiderio, corre con grande sollecitudine all'obbrobriosa morte della croce>>.[101] Come si vede sono i contenuti della fede quelli sui quali la Santa ferma la sua attenzione: consapevolezza della propria fragilità; amoroso soccorso del Cristo per noi. Da questa consapevolezza ??? la speranza della nostra salvezza. Tutte la lettera di Santa Caterina sono pervase dalla speranza di vedere, fratelli crescere nell'amore di Dio e del prossimo. Quella espressione nella quale ci imbattiamo all'inizio noi ogni missiva " scriva a voi con desiderio di vedervi "che altro vuol significare se non la speranza che il destinatario si ravveda, o migliore la sua vita, o cresca nella perfezione o prosegua guerriero intrepido nel cammino della salvezza?

Il cristiano spera non solo per sé, una anche per i fratelli. Chiude così la lettera due coniugi fiorentini: <<E levatevi oggi mai da tanta negligenzia quanto io sento in voi; e non date materia di pianto, una d'allegrezza. Spero nella bontà di Dio, che ancora moda consolazione da voi>>.[102] Cristo è la nostra speranza; nel suo sangue troveremo la salvezza. A questo dedicheremo l'ultimo capitolo del presente lavoro. Qui riportiamo una primizia <<Che dunque c'è bisogno ? ??? bisogno il sangue: nel quale di Cristo troveremo una speranza ferma che ci tollerà ogni timore servile; e troveremo la fede viva, gustando che Dio non vuole altro che il nostro bene. E però ci diede il Verbo dell'unigenito suo Figliuolo; e il Figliuolo ci ??? la vita per renderci la vita, e del sangue ci fece bagno per lavare la labbra delle nostre ???? >>[103]

Ma è sulla carità che Santa Caterina ritorna più frequentemente (Del resto il movente di ohni lettera è sempre e solo la carità. Adoperarsi per salvare le anime o per incoraggiarle sulla via della perfezione è la forma più alto di carità). Ci soffermeremo sui passi più significativi. Il modello di riferimento è 1Cr 13,4-43, che vale la pena rileggere.

<< La carità è paziente, è benigna la carità; non è invidiosa la carità, non si vanta, non si gonfa, non manca di rispetto, non cerca il suo ricevuto, non gode dell'ingiustizia, ma si compiace della verità. Tutto copre, tutto crede, tutto spera, tutto sopporta. La carità non avrà mai finora. Le profezie scompariranno il dono delle lingue cesserà e la scienza svanirà. La nostra conoscenza l'imperfetta e imperfetta la nostra profezia. Ma quando verrà ciò che è perfetto, quello che è imperfetto scomparirà. Quand'ero bambino, parlavo da bambino, pensavo da bambino, ragionavo da bambino. Ma, divenuto uomo, ciò che era da bambino, l'ho abbandonato. Ora vediamo come in uno specchio, in maniera confusa; ma allora vedremo a faccia a faccia. Ora conosco in modo imperfetto, ma allora conoscerò perfettamente, come anch'io sono conosciuto. Queste dunque le tre cose che rimangono: le fede, la speranza e la carità; ma di tutte più grande è la carità >>. Sentiamo ora la Santa.

Servendo al Cardinale Pietro di Ostia, legato apostolico Dal 1370, gli rammenta che non si può fare nessuno opera utile di grazia né a se stessi né al prossimo senza la carità, fonte di numerosi affetti benefici: << lega l'anima col suo creatore: ella lega Dio nell'uomo e l'uomo in Dio accorda i discordi; unisce li separati; arricchisce coloro che sono poveri della virtù; dona pace; dona pazienzia, fortezza e lunga perseveranzia in ogni buona e santa operazione ì; non si stanca mai e non si tolle mai dell'amore di Dio del prossimo suo, né per pena né per strazio né per ingiuria né per scherni né per villana >>. Il modello più alto di carità è Cristo morto in croce per noi. Egli << non ritrasse l'amore dall'onore del padre e della salute nostra, né per pena né per tormenti, né per lusinghe che egli fossero ???, né per ingratitudine nostra >>.[104]

Amare Dio significa servilo; << e servire non è una vergogna; perché servire a Dio, non è essere servo, ma è regnare. E tanto quant'è più perfetto il servigio, e più si sottomette a lui, tanto più libero e fatto ??? di se medesimo >>[105] << Colui che ama deve fare utilità a colui che ama, e delle servilo >>. Dio, comunque, non riceve utilità alcuna del nostro amore. Non ci resta altro da fare che << rendere gloria e loda al nome suo, e menare la vita nostra piena di odori e di virtù; e il frutto e la fatiga dare al prossimo, cioè con nostra fatiga, fargli utilità, e servirlo in questa cose che sono secondo Dio >>.[106] Tutta dedicata alla carità è la lettera a Frate Guglielmo e a messer Matteo Rettore della Misericordia e a Frate Santi e agli altri Figlioli. La carità ci rende cari a Dio, ed è il segno che ci connota come servi e figliuoli di Cristo; il carattere suo fondamentale è disinteresse e la purezza di intenzione <<Se tu ami il tuo Creatore, amalo e servilo in quanto egli è sommo e eterno Bene, degno di essere amato, e non per propria utilità: perocché sarebbe amore mercenario.>>[107] <<Amatevi, amatevi insieme: voi sete prossimo l'uno dell'altro. Ma guardate, che se l'amore vostro fusse fondato, propria utilità, e in proprio diletto, che avesse l'uno dell'altro; egli non durerebbe ma verrebbe meno >>. Il prossimo deve essere amato per rispetto della virtù e in quanto è creatura creata a imagine di Dio >>. Se in qualcuno dei nostri fratelli notiamo delle colpe, non per questo dobbiamo smettere di amarlo, ma nutra per lui << uno amore di grande e vera compassione rigenerandolo spiritualmente << con lagrime e sospiri e continue orazioni >>.[108] Non ce ne voglia chi ci legge se ancora una volta ci rifacciamo, a mo' di commento, a Dante, a con si deve se la dottrina cattolica è assunta ai più alti fastigi della cultura. Dante è sottoposto ad un esame sulla tre virtù teologali dagli apostoli prediletti di Gesù: Pietro, Giacomo e Giovanni. Pietro lo interroga sulla fede: Dì, buon cristiano, fatti manifesto: fede che c'è? Sulla scorta della Lettera agli Ebrei, Dante risponde: fede è sustanza(?) di cose sperate,

ed argomento ??? non parventi:

e questa pare a me sua quiditata(?)

(XXIV 64-66)

[la fede è fondamento delle cose sperate e argomento che ci fa credere nelle cose che non si vedono: e questa appare a me la sua essenza.]

San Pietro chiede ancora:

Questa cara gioia
Sopra la quale ogni virtù si fonda, onde ti venne? >>

(XXIV 89-91)

[Questo gioiello sul quale si fonda ogni virtù, da dove è venuta a te?]

E Dante risponde che gliel'ha donata << La larga ploia de lo Spirito Santo ch'è diffusa, in su le vecchie e in su le nuove cuioa.

[L'abbondante pioggia dello Spirito Santo riservata dallo Spirito su le paqgine dell'Antico e del Nuovo Testamento].

San Giacomo speranza chiede a Dante :
<<dì quel ch'ell è, e come se nerifiora la mente tua, e dì onde a te venne >>

(XXV 44-47)

Prima di rispondere Dante, per bocca di Beatrice proclama che << La chiesa ??? alcun figliuolo non ha con più speranza… >>

(XXV 52-53).

Potrebbe apparire presunzione o esibizionismo fuori luogo da parte del sommo pieta questa affermazione di essere un figlio della Chiesa che più di ogni altro spera, potrebbe apparire presunzione o esibizione fuori luogo da parte del sommo poeta, in realtà egli vuol far sapere che la sua opera poetica è frutto di convinzioni profonde e, nel caso specifico, solo chi ha sperimentato in se stesso la profondità di questa virtù può parlarne con cognizione e con convinzione. È il caso appunto di Santa Caterina. Ecco la risposta di Dante: << Spene>> diss'io << è un attender certo de la gloria futura, il qual produce grazia divina e precedente merto >>

(XXV 67-69)

[La speranza è un attendere con incrollabile certezza la gloria futura, frutto della grazia divina e di un merito preesistente.]

Coerentemente con quanto affermata a proposito della fede, Dante ribadisce che la speranza germoglia su un merito precedente: la fede. Da dove ha attinato la speranza questo figliulo della Chiesa? Ovviamente dalla Sacra Scrittura. Ma mentre per la fede viene indicata in blocco tutta la Bibbia (non senza ragione perché ogni sua pagina rinvia a Dio) per la speranza la citazione se la più puntuale. Dopo aver detto <<Da molte stelle mi vien questa luce >> [Da numerosi autori sacri giunge a me questa luce] precisa che le sollecitazioni più vive sono venute a lui da Davide e da San Giacomo stesso. <<ama quei che la distillò nel mio cor pria che fu sommo cantor del sommo duce>>. Tu mi stillanti, con lo stillas suo, ne la pistola poi; sè ch'io son pieno, ed un altrui vostra pioggia repluo (XXV 70-72; 76-78) [Ma fu il sommo cantore dello Spirito Santo (Davide) che dapprima la distillò nel mio cuore. Tu poi nella tua Epistola mi hai colmato di tale luce in così vasta miseria che io la riverso sugli altri] Ora i salmi chiaramente sprizzano in continuazione speranza (e come potrebbe essere diversamente? Chi prega spera). La lettura attribuita a San Giacomo, invece, non parla specificamente di speranza, ma Dante acutamente ha visto nel messaggio di fondo di questo scritto neotestamentario – la fede va attuata nelle opere – che le opere buone sano nello stesso tempo espressione e coltivazione della speranza. Notiamo per incidens che nei Vangeli non compare la parola " speranza". E la ragione è evidente: la speranza è l'attesa e ha trovato il suo appagamento nella venuta del Cristo ("Il sospir del tempo antico" Resurrezione di Manzoni), ma torna frequentemente negli altri scritti neotestamentari, specialmente in San Paolo. In essi si configura come attesa del ritorno di Cristo (aspetto escatologico) e come anticipazione di questo evento nelle opere buone che manifestano la presenza dello Spirito e che, per questo, ci aiutano a sperare che ci prepariamo all'incontro definitivo con quel Gesù che abbiamo visto presene nei fratelli bisognosi e sofferenti, in cui aiuto siamo corsi (aspetto storico). E questo secondo aspetto ci fa trapassare in quell'altra stupenda articolazione della vita spiritualmente dell'autentico discepolo di Cristo la carità. È l'aspetto su cui insiste tanto San Giacomo e che ritroviamo illustrato nelle lettere di Santa Caterina e che è stato richiamato in modo illuminate dalla Gaudium et spes <<Perché il Padre vuole che in tutti gli uomini noi riconosciamo Cristo nostro fratello, ed efficacemente lo amiamo con la parola e con l'azione, rendendo così testimonianza alla Verità; e comunichiamo agli altri il mistero dell'amore del Padre celeste. Così facendo risveglieremo in tutti gli uomini della terra una viva speranza dono dello Spirito Santo, affinché finalmente essi vengano assunti nella pace e nella felicità somma, nella patria che risplende della gloria del Signore>> (n.93). A suggello ci pare particolarmente appropriata un'affermazione di Gabriel Marcel: <<L'anima esiste solo in virtù della speranza; la speranza è forse la

sostanza stessa di cui è fatta la nostra anima.>>[109] L’esame sulla carità da parte di San Giovanni provoca una risposta che è molto differente da quella lapidarie sulla fede e sulla speranza. Dante si aggroviglia in una serie di annotazioni che se da una parte mostrano a quali ??? è capace di attingere con la sua poesia, dall’altra rende molto difficoltosa la comprensione e meno agile una esposizione sintetica, che pur tenteremo di fare. A Dante abbagliato dal fulgore della sua figura Giovanni chiede: << dì ove s’appunta [tende] l’anima tua… >>

(XXVI 7).

Il poeta risponde:
“lo ben che fa contenta questa corte
Alfa e O è di quanta scrittura
Mi legge Amore o lievemente o forte”

(XXVI 16-18)

[Dio, colui che fa lieta la corte celeste è principio (Alfa) e fine (Omega) di quanto Amore mi insegna in forma lieve o grande]

Come si vede non abbiamo qui la definizione della carità, ma la indicazione del suo oggetto. Dio S.Giovanni replica:<<

dicer convienti

che drizzò l’arco tuo a tal berzaglio

(XXVI 23-24)

[Devi precisare chi ha indirizzato il tuo animo a quella mira: a Dio].

Dante risponde: la ragione con la filosofia e la Rivelazione con le scritture (e cita l’Esodo e l’Apocalisse) hanno impresso nel mio cuore l’amore per Dio. Fanno da stimolo poi altre considerazioni sulla bontà divina:

<<… l’essere del mondo e l’esser mio,

la morte ch’el sostenne perch’io viva

e quel che spera ogni fedel com’io>>

(XXVI,58-60)

[l’esistenza del mondo e la mia esistenza, il sacrificio che egli in Cristo sostenne per guadagnarci la vita eterna e la speranza di questa vita beata che ogni fedele come me nutre]. L’altro polo della carità è rappresentato dal prossimo e Dante dice:

le fronde onde s'infronta tutto l'orto
de l'ortolano eterno, am'io contanto
quanto da lui a lor di bene è porto

(XXVI, 64-65)[110]

[Io amo gli uomini (le fronde) del mondo (l'orto) creato da Dio (l'ortolano eterno) nella misura in cui colgo in essi la bontà divina].

In sintesi: Dio è causa e fine della fede della speranza e della carità. Ciò vale soprattutto per la carità, che non è circoscrivibile e in una definizione perché è Dio stesso. Sentiamo Santa Caterina: << Scrivendo a Monna Bartolomea, Donna di Salvatico da Lucca, le augura di vederla sempre << pascere e nutricare al petto della dolce madre Carità... Ella è tanto dolce e tanto soave all'anima che la gusta, che ogni cosa amara in lei diventa dolce, e ogni grande peso leggero. Non me ne maraviglio (?) se così è; perocché stando in questa carità e amore, si sta in Dio. Cosi dice Santo Giovanni: << che Dio è carità; e chi sta in carità, sta in Dio e Dio in lui>>.[111] Questa in sintesi il pensiero di Santa Caterina. Esso mostra quanta comunanza di ispirazione esista(?) fra lei e il suo ??? Dante. Quello che con logica stringata e con mirabile arte poetica ha espresso sulle virtù teologali, la santa ??? ha esposto, in maniera frammentaria ma sempre vivace e appassionata. Insomma noi abbiamo letto diverse sue pagine come un commento ai versi di Dante.

CAPITOLO VI

Caterina, ebra esaltatrica del Signore di Cristo. Il sangue di Cristo è tema ricorrente nelle epistole di Santa Caterina. Se volessimo aggiungere un epiteto che esaltasse la singolarità della santità, potremmo definirla "Santa Caterina del Preziosissimo Sangue". Abbiamo già rilevato che l'imcipit di ogni lettera è all'insegna del riferimento al sangue di Cristo: <<scrivo... nel pensiero sangue di Cristo>>. La pregnanza semantica di quel "nel" si impone subito alla nostra intelligenza e sprona alla riflessione. Richiama alla mente un appello a una realtà che ci sovrasta e che ci salva. Il "nel" ricorse nel discorso quando si vuole scongiurare qualcuno perché non faccia del male: << in nome di Dio, non commettete questa ingiustizia; ma mi arrecate danno! >>. Ricordate la parola di Luca all'Innominato? << Sono una povera creatura: cose le ho fatto? In nome di Dio...>> (Cap. XXI de I promessi sposi). O si vuole ottenere qualche aiuto: << In nome di Dio, fatemi la carità>> nella liturgia sta a indicare il movente di ogni azione liturgica: << Nel nome del Padre del Figlio e dello Spirito Santo>>. Quale senso plausibilmente l'"in" assume nel periodo cateriniano? Azzardiamo due interpretazione. In senso soggettivo significherebbe:<< Io, immersa nel pensiero del Sangue che Cristo ha spazio per noi" tale interpretazione sarebbe in linea con tutto il linguaggio di Santa Caterina che vede cose e non idee o sentimenti. Altra interpretazione potrebbe leggeri una ripresa dell'intestazione: << Al nome di Gesù Crocifisso >>; dire "Cristo crocifisso" è lo stesso che dire "Sangue di Cristo" versato. È in questo sangue la prova suprema dell'amore di Dio per noi, e la fonte unica di salvezza. << Questo è il mio sangue dell'Alleanza, versato per molti in remissione dei peccati (Mt 26,28). << Chi mangia la mia carne e beve il mio sangue, ha la vita eterna e io lo risusciterò nell'ultimo giorno >> (Gv 6,54). Seguiamo ora la Santa nella esaltazione del Sangue di Cristo, esaltazione del Sangue di Cristo, estraendo i passi più significativi da alcune sue lettere.

I Dalla lettera a Frate tomaso della Fonte, dei Frati Predicatori, in San Quirico.

Al suo primo confessore Santa Caterina esprime il desiderio di vederlo<< bagnato nel sangue di Cristo crocifisso>>.[112] Espressioni audace, paradossale se presa alla lettera, pregnante come tante altre che significa: contemplazione delle pene di Cristo e nutrimento di lui, cosa che avviene quotidiamente nella vita del sacerdote. Essa espressione richiama alla mente Ap. 7,13-14: << Uno dei vegliardi allora si rivolse a me e disse: << Quelli che sono vestiti di bianco, che sono e donde vengono?>> Gli risposi: Signore mio, tu lo sai>>. Essi sono coloro che sono passati attraverso la grande tribo9lazione e hanno lavato le loro vesti rendendole candide col sangue dell'Agnello>>. Prodigo del sangue di Cristo è il candore del l'anima. Ma Santa Caterina vede in esso una sorgente inesauribile di doni per chi di Lui si ciba. Il sangue di Cristo << inebria, fortifica, scalda e illumina l'anima della verità >>.[113] Illuminando l'anima, le dà forza e scaccia il timore servile. Ed ecco esplodere l'inno al Sangue di Cristo << Oh sangue, che fortifichi l'anima e togli debilezza! La quale debilezza procede dal timore servile, e il timore servile viene da mancamento di lume. E però forte l'anima, perché nel sangue è stata illuminata dalla verità; ha cognoscimento e veduto coll'occhio dell'intelletto, che la prima Verità il creò per dargli la durabile a gloria e loda del sangue dell'immacolato Angelo>>.[114] La meditazione di questa consolante verità inebria l'anima: << A mano a mano si trova ebro: perché l'ebro perde il sentimento di sé, e non si trova altroché sentimento di vino: tutti i sentimenti vi sono immersi dentro>>. La Santa conosce bene questo stato di ebrezza e ne metta a parte il Padre: <<… l'anima mia inebriata del sangue di Cristo, perde il proprio sentimento di sé, privato dell'amore sensitivo, privato del timore servile, anzi si diletta delle pene, in altro non si vuole gloriare se nella croce di Cristo crocifisso. Quella è la gloria sua >>.[115] Parole che ricordiamo Gal 6,14: Quanto a me invece non ci sia altro vanto che nella croce del Signore nostro Gesù Cristo, per mezzo del quale il mondo per me è stato crocifisso>>. Continua la Santa: << Tutte le potenze dell'anima vi sono dentro occupate. La memoria si è empiuta di sangue; ricevilo per beneficio; nel quale sangue trova l'amore divino che caccia l'amore proprio; amore d'obbrobrio e pena d'amore; amore di morte e pena di vita>>.[116] Bagnarsi nel sangue di Cristo significa essere internamente e interamente permeati della vita di Cristo. L'anima, spogliata di sé, annulla completamente la sua volontà in quella di Cristo. Una postilla esplicativa di questa lettera può essere considerata un'altra successiva, molto breve, nella quale la Santa invia frate Tommaso a salire sul legno della Croce, a distendersi interiore. << Con desidero di vedervi, ma non senza ma, in sull'arbore della dolcissima e dilettissima Croce. Altro refrigerio non ci veggo, carissimo Padre, se non di spasimarvi su con ardentissimo amore. Ine non saranno dimonia visibili né invisibili, che ci possano tollere la vita della Grazia; perocché essendo levati in altro, la terra non ci potrà impedire come disse la bocca della verità: << Se io sarò levato in alto, ogni cosa trarrò a me >>. Però ch'al trae il cuore, e l'anima, e la volontà con tutte le forze sue. Adunque dolcissimo padre, facciancene letto. Perocché io godo ed esulto di quello che mi mandate a dire >>.[116] Non erano di certo notizie liete. Commenta il Tommaseo: << Questa lettera è prova che le contraddizioni ben presto cominciarono a lei. Anzi la singolarità dell'ingegno suo e della sua vita le doveva fare in sul principio più acri, scandalezzando i pedanti del chiostro e i pedanti del mondo >>[117] Questa lettera ci fa capace appeno la portata della frase: bagnarsi nel sangue di Cristo; vuol dire prendere parte alle sofferenze di Gesù.

II Dalla lettera A Frate Raimondo da Capua dell'Ordine di Santo Domenico.

Il tema del sangue di Cristo lo troviamo ripreso in una delle ultime lettere che la Santa invio al suo padre spirituale, frate Raimondo. In essa viene chiarito il vero significato della necessità di nutrirsi del sangue di Cristo: partecipare alle sofferenze di Cristo con tutta la persona in anima e corpo. È cosi che si diventa adulti nella fede, abbandonando le dolci tenerezze della fanciullezza e vivendo le aspre lotta della verità. È questo che ella chiede a padre Raimondo: non bere il latte come un bambino, incapace di combattere e buono solo a trastullarsi con i compagni, ma mangiare il pane << schiacciando con i denti dell'odio [di sei stesso e del peccato] e dell'amore [di Dio e del prossimo], intanto che, quanto più è duro e muffato, più se ne diletta... muffato, ma non asciutto, perocché l'asciutto i denti nol potrebbero ben bene schiacciare se non con grande fatiga e poco frutto >> e però quanti soffrono << fame, nudità, ingiuria, strazi e villania l'intingono nel sangue di Cristo crocifisso nella fonte del costato suo: e però, come ebri d'amore, corrono a mettere il pane muffato delle molte tribolazioni in questo prezioso sangue... e perché nel tempo delle molte fatighe veggono che meglio si prova la virtù e che della buona prova che fa l'anima torna più onore a Dio; però s'abbracciano con Cristo crocifisso con la pena che col diletto>>[118] con rude schiettezza Santa invita il padre suo spirituale a uscire senza indugio dallo stato infantile, trovando nel sangue di Cristo la forza per diventare un virile combattente. Non si era mostrato tale nello scontro con i fautori dell'antipapa, sottraendosi alla loro cattura, mentre navigava da Pisa a Genova: << Non foste ancora degno di stare in sul campo della battaglia, ma , come fanciullo, ne fuste cacciato indietro; e voi volentieri ne fuggite, e avete grazia di allegrezza, che Dio concesse alla vostra infermità. Cattivello padre mio, quanto sarebbe stata beata l'anima vostra e la mia, che col sangue vostro voi avete murata una pietra nella santa Chiesa per amore del sangue>> Siffatta debolezza è motivi per lei di pianto. Non sappiamo come siano andati veramente i fatti; ma si trattò davvero di una debolezza? Qui ci pare che l'ardore del martirio abbuia preso il sopravvento sulla carità. Ma il destro per esplodere in un infuocato appello ad ammullarsi(?) nel sangue di Cristo; << ??? Dio in voi e in me e negli altri infonda questa grazia; oggi cominceremo ad offrire lagrime, con ansietato(?) desiderio dolce, e per lo ringrazia per la mia e la vostra imperfezione che ci ha privati di tanto bene. Annegatevi nel sangue, inebritevi(?) di sangue; vestitevi di sangue: crescete e fortificatevi nel sangue; perdete la debilezza e cecchità nel sangue dell'immacolato Agnello>>.[119]

III Dalla lettera a Don Pietro da Milano dell'ordine della certosa.

Sugli effetti benefici del sangue di Cristo, Santa Caterina torna in una lettera a Don Pietro da Milano. Sono pagine pervase dalla esaltazione del sangue del Redentore, fonte di perdono, di forza e di santità. Dice la Santa al frate: << ripensandolo sparto con tanto fuoco d'amore riceverete vita do Grazia e laveravvi(?) la faccia dell'anima vostra>>[120] ed è appunto alla carità divina che ha sparso quel sangue che bisogna incessantamente pensare: << non è da dormire nel letto della neglienza, ma con memoria del ricordamento del sangue>>[121] Se meditiamo su di esso, risalendo alla fonte che è l'Amore di Gesù per noi, coglieremo frutti copiosi di gioia spirituale: che la purificazione provoca in noi: << Tutte le iniquità nostre con questo desiderio in virtù angoscia né battaglia del dimonio, né quelle degli uomini, ci potrà né torre la nostra allegrezza. << Oh quanto è beata quell'anima che così dolcemente o con vigila e con umile e continua orazione, accesa nel fuoco per santo desiderio inebriata e annegata nel sangue! Con questo sangue nell'ultimo della vita nostra riceveremo il frutto d'ogni nostra fudiga. Questo sangue tolle ogni pena e dà ogni diletto. Fa abbondonare la propria sensualità, non lassa passare, i movimenti d'impazienza >>[122] La costante meditazione del credente sul sangue di Cristo, non è un fatto puramente individualistico, ma va vista come un momento della nostra vita all'interno della Chiesa. La Chiesa è la vigna ??? dal Signore di Cristo, e solo vivendo e lavorando nella Chiesa possiamo trarre beneficio da essa.[123] Appare dai passi riportati, la peculiare spiritualità della Santa di Siena: una passionalità esuberante che travalica il comune sentire e supera il meditare intimo e conosce solo lo stravolgimento di un amore che non è contemplazione, ma sofferenza come unica vera risposta all'amore ineffabile di Cristo crocifisso. In breve il vero amore a Cristo si dimostra soffrendo con Lui. Parole non semplicemente predicante dalla mistica, ma coerentemente praticate. Non dobbiamo mai dimenticare che ella ha espresso ciò che ha vissuto in prima persona. Dimostrò il suo amore ardente per Cristo predilingendo la sofferenza, la macerazioine, il digiuno, con una intensità e assduità che ne minarono la sua robrusta costituzione. Così come non possiamo ignorare la base teologica, di teologia mistica che si sorregge queste pagine. Ad esse possiamo applicare quanto il già citato Giovanni Pozzi ha scritto su Angela da Foligno: << L'immenso territorio dell'interiorità non è stato esplorato da nessun'altra disciplina quanto dalla teologia mistica: nemmeno dalla psicologia, nemmeno dalla psicoanalisi…. Un lettore, un pubblico intero può ricercare nei testi mistici, e non se3nza ragione… altre emozioni che non quelle teologali. Non se può preterire che Angela, non dotta, possedeva un intelletto acuto, e quanto accadeva in lei… passava attraverso strumenti mentali che, quali fossero, erano prestati esclusivamente dalla scienza sacra >>[124] Ecco: noi non vogliamo ricercare in queste parole infuocate di Santa Caterina emozioni passeggiate, ma evidenziarne, fondamenti teologici, di natura scritturistica e liturgica che rendono il suo insegnamento, scaturito da una singolare esperienza spirituale, tuttora efficace e attuale. Ci soffermeremo pertanto su tre aspetti:

a) I fondamenti scritturistici del valore ??? dal Sangue di Cristo;
b) La devozione al Signore di Cristo;
c) Il valore sacrificale del Sangue di Cristo nella eucaristia.

a) Fondamenti scritturistici

Abbiamo già richiamato qualche passo delle Scritture, quali fonti della esaltazione del Sangue di Cristo; ne aggiungiamo altri; sulla scorta di quanto ci insegna il Catechismo della Chiesa Cattolica. Il sangue di Cristo è simbolo e prova altissima dell'amore di Dio per noi. << Tutto la vita di Cristo è Mistero di Redenzione. La redenzione è frutto innanzi tutto del sangue della croce, ma questo Mistero opera nell'intera vita di Cristo >> (n 517). E lo stesso testo rinvia a :

Ef: 1,7< Per mezzo del suo sangue abbiamo la redenzione>>

Col 1,13-14 <<Il Padre ci ha strappati dal(?) dominio delle tenebre e ci ha trasferiti nel Regno dal suo amato Figlio nel quale abbiamo la redenzione, il perdono dei peccati>>

1Re 1,18-19 <<Non per mezzo di cose corruttibili; come oro e argento, voi siete stati riscattati, ma con sangue prezioso, come d'agnello senza difetto e senza macchia, Cristo. La chiesa è il il giardino irrigato dal Sangue di Cristo: <<…la Chiesa è nata principalmente dal dono totale di Cristo per la nostra salvezza, anticipato nell'istituzione dell'Eucarestia e realizzato sulla croce. L'inizio e la crescita della Chiesa <<sono simboleggiati dal sangue e dall'acqua che uscirono dal costato aperto di Gesù crocifisso>> (????). La chiesa, per l'intervento dello Spirito Santo applica ai fedeli immeriti(?) del Sangue di Cristo, attraverso, Sacramenti" segni della grazia". In tutti è presente ed operante il riferimento al sacrificio di Cristo, ma è soprattutto nella Eucarestia che Egli offre al Padre e a noi il suo Sangue. <<Quando San Paolo dice di Gesù che<<Dio l'ha stabilito a servire come strumento di espiazione… nel suo

sangue(Rm 3,25) intende affermare che nella sua umanità <<era Dio a riconciliare a sé il mondo in Cristo>> (2Cor 5,19)>> (433). Sempre Paolo ci ammonisce: <<In Gesù Cristo, voi che eravate lontani, ora siete diventati ???; ??? il sangue di Cristo. Egli infatti, è la nostra pace, colui che ha fatto di due popoli [gentil ed ebrei] una sola unità... per riconciale entrambi con Dio in un solo corpo mediante la croce, dopo aver ucciso in se stesso l'inimicizia>> 8ef 2,13-16). Il sangue di Cristo, dice Santa Caterina, è dono del suo amore immenso (EF 5,2 Cristo che vi ha amato e ha offerto se stesso per noi, oblazione e sacrificio di soave odore a Dio>>. Questa espiazione Cristo la compia quotidianamente sugli altri di tutta la terra. Ma da questo al prossimo paragrafo); dono che salva, inebria, fortifica, riscalda, illumina l'anima di verità. Nel sangue di Cristo l'uomo annulla l'indegnità creaturale, (egli è polvere ed ombra, dice Gn 18,27), l'incapacità di fare il bene da solo e conosce e sperimenta che cosa è la speranza e la pace. Sono questi i frutti individuale del riscatto operato dal sangue di Cristo. Se dovessimo citare tutti i passi del Nuovo Testamento che parlano del sangue di Cristo, a supporto delle ardenti parole di Santa Caterina non firmeremmo tanto presto. Chiudiamo con un passo, molto noto , della prima lettera di Pietro. In questo passo l'apostolo esorta a coltivare il <<senso di timore religioso>> meditando sul costo della nostra redenzione:<< Non per mezzo di cose corruttibili, come oro e argento, voi siete stati riscattato, ma con sangue prezioso, come d'agnello senza difetto e senza macchina>>(1Pt 1,19).

b) Devozione del Sangue di Cristo.

si può parlare di devozione per il sangue di Cristo in Santa Caterina. Si, nel senso più alto della parola. La devozione, dice San Tommaso, non è altro che una volontà o volizione di dedicarsi prontamente alle cose attinenti al servizio di Dio e indica due cause che la provocarono una estrinseca, che è Dio; una intrinseca <<perché è l'intelletto che apre le via alla volontà mostrandoci la bontà divina e la miseria umana. Gli effetti principali delle devozione sono: il diletto per la considerazione della bontà delle nostre miserie>>[125] Sentimenti che troviamo espressi in tanto pagine della Santa. Sotto questo profilo essa continua la traduzione iniziata nell'alto- medioevo dal movimento che va sotto il nome di scuole mistiche affettive, i cui esponenti più prestigiosi sono San Bernardo, San Francesco, San Bonaventura, la beata Angela da Foligno. Col tempo la devozione al Sangue di Cristo entrò a far parte della liturgia ufficiale della Chiesa. Nel 1582, Gregorio XIII, famoso per aver introdotto proprio in quell'ano la riforma del calendario, concesse alla diocesi di Valenza di celebrare festa liturgica del Sangue di Cristo; festa che fu estesa a tutta la Chiesa di Pio IX nel 1849, fissandola alla prima domenica di luglio. Pio X la trasferì nel 1914 al 1 luglio. Ancora una volta diciamo che non è possiamo sviscerare qui quest'argomento. Ma a riprova della importante che la Chiesa dimostra per il culto del Sangue di Cristo, ricordiamo le iniziative di papa Giovanni XXIII. Proprio nei primi anni del suo pontificato dichiarava che egli sembrava opportuno riunire in un'unica evocazione le tre devozioni: al nome, al cuore e al sangue di Gesù Cristo. Approvò un tasto ufficiale delle ??? del Sangue di Cristo; emanò una Lettera apostolica su questa devozione fece inserire nel "Dio sia benedetto" l'invocazione o "Sia benedetto il suo preziosissimo Sangue unificando così nome cuore e sangue di Gesù nella preghiera.

c) Il valore sacrificare del Sangue di Cristo nella Eucarestia.

Quale lezione trarre dalle infuocate parole di Santa Caterina? La sua esperienza personalissima può parlare a noi comuni credenti? Gli interrogativi sorgano spontanei: Dov'è il sangue di Cristo? È un'astrazione? La percezione di esso che i mistici hanno avuto e descrivono non può essere effetto di trance? Partiamo dalla grande intuizione del "papa buono": non bisogna sezionare G esù: è persona da adorare amare gustare nella sua interezza. Quando Santa Caterina esorta ad annegarci nel sangue di Cristo usa un linguaggio metaforico; vuol dire che Gesù ha vera e versa tanto sangue da un prossimo calarci in esso; vuol dire anche che quel sangue è la fonte della nostra salute. Facciamo il bagno per liberarci dalla sporcizia e rinvigorire le membra. E dove ci nutriamo realmente del sangue di Cristo? Nell'Eucarestia, lo sappiamo bene, che è sacramento e sacrificio. Santa Caterina esorta a cibarsi delle carni di Cristo con umiltà e discrezione. Scrive a Misser Ristoro Camigrani in che modo dobbiamo comportarci nei confronti della santa Comunione e come ci conviene prenderla. Quale atteggiamento assumere? <<...Non dobbiamo usare una stolta umiltà... ci conviene prendere questo dolce Sacramento, perché egli è cibo dell'anima, senza il qual cibo noi non possiamo vivere in Grazia. Come il dobbiamo prendere? Col lume della santissima fede e con la bocca del santo desiderio. Col lume della fede ragguarderete tutto Dio e tutt'uomo in quell'ostia>>. Il catechismo di Pio IX indicava tra le condizioni per ricevere una buona comunione <<sapere e pensare chi si va a ricevere>>[126] Raccoglimento e adorazione (prima della riforma liturgica si riceveva la Comunione inginocchio alla balaustra!), circa le disposizioni interiore, oltre naturalmente alle fede sincera e la purezza di cuore) Santa Caterina si abbondona a una serie di esortazioni partendo dalla Sacra Scrittura di intensa spiritualità, scrivendo una delle pagine più avvincenti del suo epistolario; pagina che merita di essere integralmente riportata,

<<Anco dico che col conviene prendere, siccome fu figurato nel testamento Vecchio quando fu comandato che si mangiasse l'agnello arrostito e non lasso; tutto e non parte; cinti e ritti, col bastone in mano; e il sangue dell'agnello ponessero sopra il limitare dell'uscio. Per questo modo ci conviene prendere questo Sacramento: mangiarlo arrostito e non lesso; ché, essendo lesso, v'è in mezzo la terra e l'acqua, cioè l'affetto terreno, e l'acqua del proprio amore. E però vuol essere arrostito, e non v'è mezzo veruno. Allora si prende arrostito quando il riceviamo col fuoco della divina dolce cavità. E dobbiamo essere crunti(?) e il cingolo della coscienzia; che troppo sarebbe sconvenevole(?)cosa che a tanta mondizia e purità s'andasse con la mente e col immondi. Dobbiamo stare ritti, cioè, che il cuore e la mente nostra sia tutta fedele e drissata(?) in Dio; col bastone della santissima croce, onde noi troviamo la dottrina di Cristo crocifisso. Ciò è quel bastone al quale noi ci appoggiamo, cioè dal mondo, dal dimonio e dalla carne. E convien si mangiarlo tutto, e non parta: cioè che col lume della fede dobbiamo ragguardare non solamente l'umiltà in questo Sacramento, ma il corpo e l'anima crocifisso unita e impostata con la deità tutto Dio e tutto uomo. Conviene tollere il sangue di questo Agnello, e ??? in fronte, cioè confessarlo ad ogni creatura ragionevole e non dinegarlo mai né per pena né per pena né per morte>>[127] La santa conclude queste riflessioni sulle disposizioni giusta per ricevere la Comunione mettendo in guardia contro la falsa umiltà: il sentimento della nostra indegnità va accompagnato dalla fiducia che Dio onnipotente "volentier perdona". Le parole di Santa Caterina appaiano come un commento alla preghiera che la Chiesa ci fa ripetere prima del rito della Comunione: <<Signor non son degno di partecipare alla tua mensa, ma dì soltanto una parola e io sarò guarito; <<Dissi che non ci conviene fare né voglio che facciate, come molto imprudenti secolari, i quali trapassano quello che egli è comandato dalla Santa Chiesa, dicendo: <<Fo non me sono degno>>. E così passano lungo tempo col tempo col peccato mortale senza il cibo dell'anima loro. O umiltà stolta! E chi non vede tu non sei degno? Qual tempo aspetti d'esser degno? Non l'aspettare; ché tanto ne sarai degno nell'ultimo, quanto nel principio. Ché con tutte le nostre giustizie, mai non ne saremo degni. Ma Dio è colui che è degno e della sua dignità fa degni noi. La sua dignità non finisce mai>>[128] Concetto che troviamo ripetuto in un'altra lettera: Ogni cristiano, serve la Santa deve lavare spesso <<la faccia dell'anima d'ogni macula di peccato nel sangue di Cristo col mezzo della pura e santa confessione; nutricandola del cibo degli angioli(?), cioè dal sacramento dolce del corpo e del sangue di Gesù Cristo, tutto Dio e tutto uomo, il qual ogni fedele Cristiano è tenuto di prendere almeno una volta all'anno. Chi il vuole più, più il pigli; ma non meno: e per neuna causa il debba l'uomo lassare, né giusto, né peccatore. Perocché, se

il peccatore non è disposto, e gli si debbe disponere(?), se egli è giusto per umiltà non debbe lassare, dicendo: <<Fo non son degno di tanto misterio. Quando io me sentirò più degno, io mi comunicherò(?)>>. Non debbe fare così; ma dalle pensare, che mai per sue giustizie non ne sarebbe degno… Ma Dio è degno di far noi degni: e però nella dignità sua il dobbiamo ricevere>>[129] Ma è soprattutto nell'Eucarestia, come sacrificio, cioè nella santa Messa, che la presenza del Sangue di Cristo è vivo ed operante. Il sangue di Cristo è rinnovato e conservato dalla Chiesa nel sacramento dell'Eucarestia. In due versi mirabili per precisione teologica e splendore d'immagine, Manzoni, nella già citata Pentecoste, apostrofa la Chiesa con questa parola:

Del sangue incorruttibile
Conservatrice eterna.

La Chiesa, fino alla fine dei secoli, rinnoverà quotidianamente sugli altari il sacrificio di Cristo. Il credente Manzoni in brevissimi termini esalta in cui Cristo s'immola per mi in perpetuo olocausto. Abbiamo già riferito l'espressione ardita di Santa Caterina secondo la quale Gesù irriga il suo giardino, la Chiesa, con il proprio sangue. In altro passo ricorda che questo compito spetta ai sacerdoti. Essi sono posti <<nel corpo mistico della Santa Chiesa a ministrare a noi il sangue se il corpo di Cristo crocifisso, tutto Dio e tutto uomo>>[130] E altrove: <<Egli è fatto a noi mensa erbo(?) e servitore>>…[131] per il tramite del sacerdote. Caterina ci rammentano che è Cristo <<sacerdote vittima e altare>> a rinnovare misticamente il suo sacrificio, preannunciato nell'ultima Cena con le parole <<Questo è il mio corpo offerto in remissione dei peccati>>. Il sacerdote presta, per così dire, a Cristo la sua persona; mai come nel momento della celebrazione dalla Messa ilo sacerdote è un <<altro Cristo>>. È su questo aspetto sacrificale della Messa che vogliamo soffermare alquanto. Di esso era profondamente penetrato di San Pio da Pietrelcina che protraeva per ore la celebrazione delle Messa, mentre le sue stimmate sanguinavano, e il popolo seguiva in devoto silenzioso raccoglimento. E non è fuori luogo ricordare qui l'esperienza mistica di joseph Wapel appartamene all'Ordine dei Servi del Verbo Divino, ripresa dalle pagine di un mensile cattolico. Per quarant'anni, durante la celebrazione della Santa Messa egli rivedeva egli episodi della passione di Gesù: cattura, processo, flagellazione, corrispondeva una visione diversa, così che il mistico riviveva l'intera Passione, fino al culmine del Sacrificio sulla Croce durante la Consacrazione. All'ingresso vedeva Gesù, già sotto il peso della croce, procedere per primo verso l'altare. Nella prima parte della Messa assisteva all'offerta dei peccati di tutto ilo mondo, caricati sulle spalle di Gesù, sofferente nel vedere singola anime e popoli interi allontanarsi dalla fede>>[132] Dopo il concilio Vaticano II e soprattutto dopo l'ultima riforma liturgica si è in un certo qual modo enfatizzato l'aspetto conviviale a comunitario della Santa Messa. Si parla di "assemblea" dei fedeli; di "presidenza" della celebrazione liturgica, lasciando quasi in ombra il ??? "cruciale": il memoriale della morte del Cristo. Si enfatizzano la liturgia della parola e la partecipazione alla mensa, preceduta dallo scambio del segno della pace e il popolo segue la parte centrale più o meno attento (pochissimi ginocchiano(?) al momento della causa creazione(?)!). Addirittura si parla di autorizzare l'ingresso dei cani(?) in chiesa! Avvertiva già nel 1985 l'allora cardinale Ratzinger, nella sua qualità di Prefetto della Sacra Congregazione per la dottrina della fede, in una intervista a Vittorio Messori: <<La Liturgia, per alcuni sembra ridursi alla sola eucarestia, vista quasi sotto l'unico aspetto del " banchetto fraterno". Ma la messa non è solamente un pasto tra amici, riuniti per commemorare l'ultima cena del Signore mediante la condivisione del pane. La messa è il sacrificio comune della Chiesa, nel quale il Signore prega con noi e per noi e amor si partecipa. È la rinnovazione sacramentale del sacrificio di Cristo>>. Il cardinale continua, facendo rilevare che a voler privilegiare il movimento della Comunione si rischia di vanificare il valore intrinseco dell'eucarestia, che per i peccatori. Ecco le sue parole: << Se l'eucarestia è vissuta solo come il banchetto di una comunità di amici, chi è escluso dalla ricezione dei Sacri Doni è davvero tagliato fuori dalla fraternità. Ma se si torna alla visione completa della messa (pasto fraterno e insieme sacrificio del Signore, che ha forza ed efficacia in sé, per chi vi si unisce nella fede), allora anche chi non mangia qual pane partecipare egualmente, nella sua misura, dei doni offerti a tutti gli altri>>. Non è questa la sede per addentrarci nella trattazione di un tema così arduo.[133] Tuttavia non possiamo esimerci dal ricordare che il Magistero, sempre attento ai problemi che travagliano la Sposa di Cristo e sempre sensibile altresì alle difficoltà nelle quali si dibattano i fedeli, è tornato ripetute volta su un argomento così delicato, con documenti ufficiali che si impongono per chiarezza e incontrovertibilità dalle(?) argomentazioni. Ci limitiamo a citare pochi passi di questi documenti più direttamente partimenti al nostro assunto. Il primo documento è l'enclinica emanata da Paolo VI 1965: Mipsterium Fidei; Mistero della fede l'espressione che il celebrante ripete subito dopo la consacrazione. << Non è lecito… esaltare la messa cosidetta <<comunitaria>> in modo da(?) togliere importanza alla messa privata; né insistere sulla ragione del segno sacramentale, come se il simbolismo, che tutti certamente ammettono nella santissima Eucarestia, esprimesse esaurientemente il modo della presenza di Cristo in questo sacramento<, o anche discutere del mistero della transustanziane di tutta la sostanza del pane nel corpo e di tutta la sostanza del vino nel sangue di Cristo, conversione di cui parla il concilio di Trento, in modo che essi si ??? soltanto alla

<<Transignificazione(?)>> e <<transfnalizzazione>>, come dicono; o finalmente propria e mettere in uso l'opinione secondo la quale nella ??? e rimasta dopo la celebrazione del sacrificio della messa nostro Signore. Gesù Cristo non sarebbe più sarebbe>>.(??? ddelle Encicliche, 7,8555). Due anni dopo la pubblicazione di questa enciclica, propriamente nel maggio del 1967, la Sacra Congregazione dei Riti procedeva alla emissione di una Istruzione sul culto eucaristico nella quale ??? i celebranti a comportarsi in modo da incollare(?) il senso delle cose sacre. Nel celebrante gesti, parole, preghiere, omelie, raccoglimento, tutto deve essere misurato, eseguito in uno stile dignitoso in maniera da risultare rispettoso dei fedeli e devoto. Egli deve evitare improvvisazioni e creatività fuori luogo, ma mirare a edificare, illuminare le menti, riscaldare i cuori nella più stretta severa osservanza della autentica dottrina della Chiesa. (Cfr ??? Vaticanum, 2 pp. 1332-1333). Sentiamo Giovanni Paolo II. Ecco un paso illuminante dell'encicleca Ecclesia da Eucharistia, La Chiesa sull'Eucarestia, del 17 aprile del 2003. << Se la logica del <<convito>> ispira familiarità, la chiesa non ha mai ceduto alla tentazione di banalizzare questa <<dimestichezza>> colui suo Sposo dimenticando che egli è anche il suo Signore e che il <<convinto>> resta pur sempre un convito sacrificale, segnato dal sangue versato sul Golgota. Il convinto eucaristico è davvero convinto <<sacro>> in cui la semplicità dei segni nasconde l'abisso della santità di Dio>> (??? delle Encicliche 8,2644). E chiudiamo con Ratzinger divenuto Benedetto XVI. Nell'esortazione post-sindodale Sacramentum Caritatis- il Sacramento della Carità- scrive: <<È necessario, pertanto, che i sacerdoti abbiamo coscienza che tutto il loro ministero non deve mai mettere in primo piano loro stessi o la loro opinioni, ma Gesù Cristo. Contraddice l'identità sacerdotale ogni tentativo di porre se stessi come protagonisti dell'azione liturgica. Il sacerdote è più che mai servo e deve impegnarsi continuamente ad essere segno che, come strumento docile nelle mani di Cristo, rimanda a ??? 23)>>. Concludiamo tra Chiesa ed Eucarestia sussista una circolarità perenne. Con il suo Sangue Cristo ha dato vita alla Chiesa l'ha fatta sua sposa. Ci permettiamo richiamare qui i versi di due canti del Paradiso di Dante. Nell'XI, quello dell'elogio di San Francesco il poeta scrive:

però ch'andasse ver lo suo diletto
la sposa di colui ch'ad alte grida
disposò lei col sangue benedetto,
in sé sicura e anche a lui più foda

(31-34)

[affinché la Chiesa, la sposa di Colui che la sposò con il sangue, procedesse verso il suo diletto con maggiore sicurezza e fedeltà].

Concetto ripetuto nei primi tre versi del XXXI canto:

In forma dunque di candida rosa
Mi si mostrava la milizia santa
Che nel suo sangue Cristo fece sposa.

[I beati - la milizia santa, la Chiesa trionfante che Cristo fece sua sposa con il proprio sangue – appaiono al poeta sotto forma di candida rosa].

Ma perché questo Sangue sia perennemente vivo la Chiesa lo rinnova quotidianamente questo con l'Eucarestia. Chiudiamo questo capitolo con la parola che Santa Caterina rivolge a papa Urbano VI, alla guida della navicella di Pietro, sbattuta da marosi da ogni parte. <<Vi prego, ella scrive, che non tardiata per amore di quello sangue del quale sete fatto ministro, che voi riceviate a misericordia la pecorella, le quali sono state fuore dell'???>>[134] Ecco, definire il papa ministro del sangue di Cristo significa esaltarne la funzione sacerdotale e lasciare intendere che l'Eucarestia è la vera fonte dell'unità.

Printed by Books on Demand GmbH, Norderstedt / Germany